はじめに

　ピーター・レイノルズの描いた「てん」という絵本があります。絵の苦手な子どもがこのお話の主人公です。美術（図画工作科）の時間に絵を描こうとせず，授業が終わっても画用紙は真っ白いままです。そこへ教師がこんな言葉かけをします。

　「吹雪の中の北極熊ね」

　そして，画用紙の真ん中に「てん」を打つように指示します。子どもは投げやりに「てん」をひとつだけ描きます。次の日，その「てん」だけの絵が額縁に入れて教室に飾られていました。それ以降，子どもは「てん」をテーマに次々と絵を描きます。そして「てん」を描き続けることを通して，自分の価値に気づき自信となって人間的に成長していくのです。

　この「吹雪の中の北極熊ね」との言葉かけは，「子ども一人一人の表現への思いや願い」を認める共感的なものです。授業の中で「描けなかった」子どもの葛藤に寄り添うものです。子どもの存在を認めようとする教師のまなざしによって，子どもが自信を持ち，自らの意思で動き出したわけです。図画工作科は，「一人一人の価値や理由」に寄り添うことができる教科といえます。

　その図画工作科も，社会の要請に応じで少しずつ形を変えてきました。現行学習指導要領では，教科目標に「感性を働かせて」という文言が加わりました。これを指導する我々教師から言い換えますと，「造形活動を通して，子ども一人一人の感じ方，表し方を十分に働かせられるようにすること」と捉えることができます。これからの社会を生き抜いていく子どもたちには，「かけがえのない自分」という自信が必要です。その自信を培うために，一人一人の感性や感覚を思いきり働かせる場を保障してあげる必要があるのです。

　一方，感性や創造性といった数値で現れにくい力を培い育てる教科であるため，教師にとっては悩ましい教科ともいえます。造形遊び等では，どう一人一人をみとるか評価が難しいとの声も聞こえてきます。図画工作科のもつ課題といえるでしょう。

　本書は，子ども一人一人の感性や感覚，自分なりの見方や考え方を十分に発揮できることを願って題材を選定しました。また，各題材ごとに「材料準備のポイント」「道具の使い方のポイント」「授業のポイント」等，見やすくわかりやすくお伝えできるよう心がけました。前述の図画工作科の課題解決と先生方の日頃のご実践に少しでも役立てればと思います。

2017年1月

　　　　筑波大学附属小学校図画工作科教育研究部　　　仲嶺　盛之　北川　智久　笠　雷太

本書の使い方

■第1章

　図画工作科の日ごろの授業でのちょっとした心得，あるいは授業で使えるアイデア的な事項を，下記の場面ごとに紹介いたします。

【授業中の指示の方法】，【子どもどうしをつなぐ方法】

【材料・道具の提示方法】，【評価・みとりの方法】

　学年によって，また子ども集団によってやり方や子どもたちの反応も様々かと思います。クラスの子どもたちに応じて，アレンジしていただければと思います。

■第2章

　各領域ごとに，実際の授業からおろした題材ネタを配列しました。

　<u>この題材で大切にしたいこと</u>では，新学習指導要領改訂の方向性も意識してまとめました。

1番目は，主にこの題材を通して気づかせ，定着させたい技能面や知識面を整理しました。

2番目は，この題材を通して培う発想・構想の力を中心に整理しました。

3番目は，仲間と共に話し合ったり，気づいたことを教え合ったりして，互いの鑑賞・表現する力を整理しました。

　<u>材料準備のポイント</u>，<u>道具の使い方のポイント</u>，<u>授業のポイント</u>においては，各題材の項目ごとのポイントを示しました。

材料準備のポイント

　題材ごとに材料についてのポイントを示してあります。できるだけ身近な場所で手に入るシンプルなものを意識して取り上げました。しかし「サンゴ」のように，その地域ならではの材料を扱った題材もあります。先生方の地域であれば，材料としてどのようなものが手に入るでしょうか。そのような材料開発，題材開発の視点でも見ていただければと思います。

道具の使い方のポイント

　題材ごとに必要な道具の取り扱いを，実際の授業場面を想定して示してあります。教室環境や子どもたちの人数や状況により，アレンジしていただければと思います。言うまでもなく，はさみやカッターの使い方など，安全面については事前に指導を徹底しましょう。

授業のポイント

　実際の授業場面での子どもたちの姿を中心に示しました。子どもたちの声や反応，それに応じた教師の手立てや切り返しなど，授業における大切な支援を中心にまとめました。クラスの実態により，先生が工夫していただくとよいと思います。

もくじ

はじめに......2
本書の使い方......3

第1章

図画工作授業がうまくいく！ 指導アイデア

指示　授業中の指示の方法

① 教材の見せ方で子どもの集中を促す......8
② 発問のし方で子どもの集中を促す......9
③ 教師が失敗してみせる......10
④ 野外活動は事前にイメージをもたせる......11

つなぐ　子どもどうしをつなぐ方法

⑤ 返し方の工夫で子どもの言葉を引き出す......12
⑥ 子どもどうしが相互鑑賞したくなる指導アイデア......13
⑦ ゲーム化で「見たい・見せたい」を引き出す......14
⑧ ナイスカードで常時相互鑑賞を促す......15

材料・道具　材料・道具の提示方法

⑨ 共同絵の具はコミュニケーションを高める......16
⑩ ICTを使った繰り返し学習で技能の定着を図る......17
⑪ 授業で子どもたちと小刀を使う......18
⑫ 準備や片づけの手順をわかりやすく示す......19
⑬ 図工室の３つのルールを必ず守る......20
⑭ 活動・材料を小出しにする......21

評価　評価・みとりの方法

⑮ みとりと評価で子どもを伸ばす......22
⑯ 子どもたちの作品から学びのプロセスを知る......23
⑰ 完成は自分で決めさせる......24
⑱ 「先生できました」を一度認める......25
⑲ 図画工作と実生活をつなぐ......26

第2章

ポイントを押さえてカンタン追試！ 題材ネタ50

造形遊び

① 低学年　最新モードコレクション！......28
② 低学年　秋のおべんとうばこ......30
③ 中学年　からだで影絵......32
④ 中学年　色砂をつくろう......34
⑤ 高学年　色水コーディネート......36
⑥ 高学年　紙の表情......38

絵

⑦ 低学年　折り曲げた紙からつくる絵......40
⑧ 低学年　ウキウキお絵かき！......42
⑨ 低学年　ポンポンタワー......44
⑩ 低学年　はんぶんでチョウ！......46
⑪ 中学年　虹色の花......48
⑫ 中学年　透明感を考えよう......50
⑬ 中学年　春ぶち......52
⑭ 高学年　お気に入りの風景......54
⑮ 高学年　刷りから版画......56
⑯ 高学年　墨でアート......58
⑰ 高学年　わたしのレモンはどのレモン？......60

工作

⑱ 低学年　カップを転がしたら見えて来たよ！......62
⑲ 低学年　ふわふわゴーゴー......64
⑳ 中学年　パラレルワールド......66
㉑ 中学年　お花紙でうちわ......68
㉒ 高学年　木の塊からどうなる？......70
㉓ 高学年　カッターナイフで「光の塔」......72
㉔ 高学年　わくわくメッセージプレート......74
㉕ 高学年　自分の紋章......76

もくじ　5

立体

㉖ 低学年 僕の紙様　立ったよ!......78

㉗ 低学年 くるくるツリー......80

㉘ 低学年 むにゅむにゅべんとうできあがり!......82

㉙ 中学年 小さな紙で広がる世界......84

㉚ 中学年 成長し続ける形......86

㉛ 中学年 つな木，ぐんぐんぐん！......88

㉜ 高学年 形の中に広がる宇宙......90

㉝ 高学年 けずって彫りだせ......92

㉞ 高学年 動き出すねんどくん......94

㉟ 高学年 絵の前の2人......96

鑑賞

㊱ 低学年 まん丸紙から生まれたよ......98

㊲ 低学年 色がつくるイメージ......100

㊳ 低学年 わごむでポン！......102

㊴ 低学年 ブクブクの国......104

㊵ 中学年 ポーズでミッケ！......106

㊶ 中学年 プラ板模写修行......108

㊷ 高学年 シンメトリーのよさを味わう......110

㊸ 高学年 色の表情......112

㊹ 高学年 砂遊びから枯山水へ......114

映像・メディア

㊺ 低学年 学校のゆるキャラ......116

㊻ 低学年 くるくるものがたり......118

㊼ 中学年 サンゴのメッセージ......120

㊽ 中学年 手描きパラパラアニメ......122

㊾ 高学年 この角度でみたら......124

㊿ 高学年 箱ちゃんの意外な展開......126

第 **1** 章

図画工作授業が
うまくいく！
指導アイデア

教材の見せ方で子どもの集中を促す

指示

一瞬だけ見せる

　鑑賞の導入で，一瞬だけ映像を見せ，描かれてあった内容を子どもたちに問います。要素が多い絵の方が効果があります。例えば，マティスの「帽子の女」での授業では，「男の人？それとも女の人？」「女の人でした」「どんな帽子をかぶっていましたか」「大きい帽子でした」「黒い色でした」「顔はどんな色でしたか」「緑！」「白！」「黄色！」「え！　黄色なんてあったっけ？」「背景はどんな色でしたか」……そんなやり取りを楽しみます。仲間の声から，2回目の「ちょっと見」はより集中。かなりの部分まで見えている子どもたちの認知力に驚きます。

作品などを半分だけ見せる

　お互いの作品が気になる子どもたち。仲間の作品の見せ方は色々考えられます。ある子どもがつくった絵の作品を半分だけかくして見せました。「◎◎ちゃんはこの後，右半分には何を描いただろうね」と，半分描かれた絵からそれぞれの想像を膨らませ，多様な仲間の声を引き出します。何の絵を描いていいか迷っている子どもにも，自然なきっかけが生まれることがあります。

子ども1人にだけ先に見せる

　低学年での鑑賞（見立て遊び）の授業。ある形を先に一人の子どもだけに見せ，何に見えたか紙に書かせて教師が受け取ります。もちろんその紙に書いた内容は他の子どもたちには内緒です。その後，形を全員に見せますが，「○○ちゃんと違うものが考えられるかな」と先に発問します。先に見た仲間が答えそうな一般的な見方を避けようと，子どもたちは考えます。結果多くの創造性を引き出すことになります。多彩な見方・考え方は，例えばこのような考えたくなる，考えざるを得ない状況で自然に育てたいものです。

手品で見せる

　「赤・青・黄・緑，このうちあなたが何色が好きかあてますよ」と，色カードをスーツとズボンの4か所のポケットに入れておき，子どもの答えた色のカードをさも予想していたように出します。低学年の子どもには喜ばれます。三原色等の色の勉強の導入で効果的です。

（仲嶺）

発問のし方で子どもの集中を促す

授業で，ついつい大きな声を出しすぎていませんか？

　若い先生方の授業を拝見させていただく機会があります。うらやましいほど元気いっぱいな声です。先生が元気だと子どもたちも元気いっぱい。もちろん授業は楽しいのですが，最後までそれだけでは，勢いのいい何人かの子どもたちだけがいつまでも主人公。じっくりと学びたい子どもたちは，いつも聞くばかりに終始してはいないでしょうか。授業は教室にいるみんなのもの。時にはひそひそ声で授業をして見ると，いつもと違う子どもたちの顔が見えます。

さりげない話題で

　授業の上手い先生は，さりげない話題から子どもたちを集中させます。それほど声を張り上げることなく，前回の図画工作の授業で見つけたすてきな場面などから。あるいはわんぱくな子の違う一面から。教師の失敗談等は子どもたちが一番聞きたいもの。一通り教師からの話題が終わるころには，子どもたちは教師に目を向け，今日の課題を聞く準備ができています。

授業のねらいを明確にすることが発問のブレを無くす

　図画工作の子どもたちの姿は予想が難しいですね。まさに授業はライブ。瞬間的な観客（子ども）とのやり取りです。しかし，行き当たりばったりでは困ることが多いです。材料や行為等，子どもたちが思いつくままなんでもよしにしてしまうと，ばらばらの活動になりがちです。子どもたちが時に脱線しようとも，今日の授業で子どもたちにつけたい力，学習の意図がブレなければ授業は成り立ちます。楽しんでいた姿を評価につなぐのもいいのですが，「今日はどんなことがわかったかな。できたかな」と，今日全員が学ぶべきねらいの，知識・技能につながる「資質・能力」もおさえたいところです。

授業を振り返った時に

　子どもたち一人一人の顔を思い出し，1日の授業を振り返ります。たまに，その日の顔が思い出せない子どもがいる時があります。その子どもに声かけしていなかったということなのでしょう。こんな時教師として一番悔やみます。翌朝一番先にその子どもに声をかけるようにしています。

（仲嶺）

③ 教師が失敗してみせる
指示

教師がお手本を実演する

　黒板には，題材名やめあてになることを板書します。これは，活動を貫く大事なポイントです。続けて，手順や注意点を板書することもあります。ところが，新しいことと出会う場面では子どもの中に具体的なイメージが乏しく，「？」を頭の中に残しながら指示を聞いていることが多いようです。その「？」を「！」にするには，映像での指導も効果的ですが，教師の実演が最高です。

うまくいく方法を実演する

　共同絵の具の水の量をちょうどよく調節して，腕を動かしのびやかに筆を使って長い曲線を描いて見せます。筆圧の強弱で線の太さを変えたり，スピードを遅く・速くしたりします。手首でシュッとはらうように描き終えると，子どもたちは美しい線のイメージを明確に取り込みます。色が重なっても濁らずに美しく重色される方法があることに気づきます。工作やねんどでも，視覚や聴覚を通してインプットしたものは子どもに入りやすいのです。

教師が失敗してみせる

　うまくいく方法と，失敗する方法はセットで見せます。共同絵の具は，水の量が少なすぎると絵の具が気持ちよく伸びず，早くかすれてしまいます。ちょうどよく溶いても，筆に含んだ大量の絵の具を容器の縁でけずらないと，絵の具がぽたりと垂れてしまいます。子どもは「あーっ」と言ってくれます。その後に，水の量を適正にする加減を教えたり，筆の整え方を教えたりすると，「！」が「！！」になります。ぽたりと垂れた絵の具を模様に見立てて生かしたり，垂れたところから描き始めたりして見せれば，「失敗（？）」からの新しい出発も示唆できます。

少し試作してみるとわかる

　どこが難しいか，どこを間違えやすいかは，先生が少しでもいいから試作してみることが大切です。子どもの小さい手で，どうなるかが予想できます。それから，10個のポイントがわかっても全部は教えないで見守り，子どもが自分で解決方法を発見したら，ほめてみんなに広めてあげる部分を残しておくようにしましょう。子どもが自ら獲得しようという学びの姿勢が高まります。

（北川）

4 指示 野外活動は事前にイメージをもたせる

ダイナミックな屋外での造形遊びは指示が通りにくい!?

屋外での造形活動は本当に楽しいものです。季節を感じたり，自然を素材にしたりすることができる貴重な学びの時間です。

しかし，子どもも嬉しさのあまり始まる前から興奮気味。指示が通りにくくなり，大切にしてほしい本時のめあてが伝わりきらない，という経験が私にはあります。これでは安全面についても心配になります。そこで，屋外での学習をより確実に，安全に充実させるために，屋内で小さな活動を通して技能を押さえたり，めあてや活動イメージをつかませたりします。

ひもを交差させながらまくよ！

つないで結べたぞ！

屋内での小さな活動で技能や活動のイメージをつかませる

例えば，低〜中学年で，「わりばしを結んで」という造形遊びの学習を図工室で行います。（上写真）この時に，麻ひもを使って「結び方」を教えます。わりばしを交差させて結ぶ，長くつないで結ぶなど幾つかのバリエーションを押さえます。また，わりばしなどの長い棒の扱いについての安全指導も行います。ここでの学習は1単位時間でもよいでしょう。

次の週に屋外での活動にうつります。前時の図工室での学習を確認し，落ちている木枝を使ってすぐに造形遊びの活動に入ることができます。「麻ひもで結ぶ」という技能を活用する姿を確実に引き出すことができます。造形遊びの学びを確実にするために，小さな活動で指示を押さえることで，よりダイナミックな学びを実現させることができるのです。

わりばしで学んだ結び方を生かして

（笠）

⑤ つなぐ 返し方の工夫で子どもの言葉を引き出す

つなぐ基本は仲間への「共感」

「◎◎ちゃんが今どんなことを考えているか，作品を見て予想できますか？」など，当事者の子どもではなく，あえて他の子どもに聞きます。形や色でコミュニケーションする図画工作だからこそ，仲間の思いを読み取る場を大事にしたいものです。「◎◎ちゃんはきっとこの後◇◇したいんじゃないかな」「だったらこうしたら？」「こんなことも考えられるよ」と，仲間に寄り添うことが実は子どもたちは大好きです。低学年からこのような場を大事にしたいものです。「みんなが先生だったら何と言うかな」と，教師の気持ちや考え方も時には考えさせます。

子どもに発見の手柄を味わわせる

よい授業は，先生の発言よりも子どもたちの発言の場が多いものです。子どもたちは考えながら言葉を紡いでいきます。そこを待てずに，ついつい子どもより先に先生が答えてしまう場面が多いのかもしれません。授業で子どもが発言した時，ひと呼吸待ってみましょう。そうすることで子どもが考える時間をつくります。すると，子どもたちが話をつないでいきます。指名しなくても子どもが次々と話をつなぎます。今日の授業の肝を子どもたちから引き出し，子どもたちの言葉でまとめたいものです。

一往復半のやり取りで思考・判断・表現力の育ちを培う

例えば鑑賞の授業で子どもたちに発言を促す時，「なるほどいいね」ですぐ他の発言を求めることなく，「どうしてそう思うの？」と必ず聞き返すようにしています。すると必ず「だってね……」と理由を子どもは言います。この理由こそ大切であり，同じような発言をしても出所は子どもたち皆が同じではないことがわかります。この返しは論理的思考を育てます。また「◎◎君の言ったことを自分の言葉で言える子はいますか」と聞きます。これは子どもたちの語彙力を高めます。更に「今の◎◎君が言ったこと，〇〇君もう一度言ってごらんなさい」と聞きます。そうすると内容の定着につながります。これを何回かやると，仲間の声を聞こうとする集団に変わります。「もう一度◎◎君の話を聞きたい人？」と聞くと何人か手を挙げます。ついつい聞き漏らしてしまった子もいます。子どもを責めずフォローするのも大事ですね。

(仲嶺)

6 つなぐ 子どもどうしが相互鑑賞したくなる指導アイデア

材料・道具を取りに行く時に見る

一度に持っていける材料の数を制限したり，「穴あけはこの台の上で」のようにすることで，子どもは席を離れる回数が増えます。材料コーナーや用具コーナーを分散しておくことで，行き帰りにいろいろな友だちの表現が目に入るようになります。その気づきやつぶやきを教師が拾って広めていきます。全部の材料・道具が目の前に用意する授業もよいのですが，図画工作では離席させるのも指導方法のひとつです。

乾燥中は鑑賞中

乾燥棚の中の作品は鑑賞できません。すぐにしまわずに，机上や床や廊下に並べておくと，子どもたちが集まってきます。黒板にマグネットでつけたり，ひもを張って洗濯バサミでつるしたりするとさらに目につきます。子どもたちのつぶやきから，鑑賞の視点や足りなかった指導の視点が見えてきます。「やっぱり，もっと描く」と言って自分の作品を持って行く子どもの中には，鑑賞から気づいた学びや意欲が作用しています。

ここが「見せ場」

光をあてると美しくなる工作ならば，窓辺や人工のライトのコーナーをつくります。ランタンなら，暗室（電灯を消すだけでもOK）やLEDランプを用意します。光を当てて「わぁ，きれい」というつぶやきは子どもを引きつけます。作品が完成したり一段階進んだりして「見せたい・ほめてもらいたい」という時に「見せ場」にやってきます。その時の子どもは「つくるモード」から「みるモード」にシフトしていますので，友だちとの相互鑑賞への意欲も高いです。タイヤをつけたおもちゃなら板でつくった坂道が「見せ場」です。風で動くおもちゃなら扇風機の前が「見せ場」です。絵を黒板に貼ってもらうことも「見せ場」です。

デジタルで大きく映す

持ち上げられない作品や動かせない作品，小さな作品などには特に有効です。技術指導にも使えますね。デジカメやタブレットで撮影した画像を，モニターやスクリーンに大きく映します。パッ，パッ，と見せて，あとは友だちのところに行って実物を見るようにうながせばよいのです。「見たい」という気持ちのスイッチを押しましょう。

（北川）

⑦ ゲーム化で「見たい・見せたい」を引き出す
つなぐ

クラスを半分に分けて対抗戦

　アイデア勝負の活動の時，教室の真ん中に簡易な仕切りをつくって対抗戦をしてみてはいかがでしょう。相手を見てはいけない，と思うと見たくなります。相手を見る前に，味方を見るのですが，みんなで同じことをしていては対抗戦に勝てません。仲間を見るけど，少しずつ変えてバリエーションを増やしたくなります。いざ，対抗戦が始まったら，両方のよいところをさがすようにしましょう。互いの健闘をたたえ合えるようにします。「あそこが同じだ」「ここが違う」など，「比べる」という意識は「見る」意欲を高めてくれます。

だまし絵やそっくりさんのしかけを楽しむ

　風景に同化した絵や立体，本物そっくりにつくったダミー作品などは，「上手にできたね」という評価だけではものたりません。「他クラスの子どもや先生にも気づかれないような作品をつくって，いたずら気分で見守ろう」「いつまでばれないかな」「ばれた時，笑ってくれるかな」などの意識を学習のめあての中に入れることで意欲が高まります。そして，「見つからないためには…」と，技能面のポイントへの意識も高まるのです。

絵の具の混色めいろ

　パレット上での混色で色のビー玉がたくさんできたら，巻き物めいろにも挑戦させています。B４のコピー用紙をのりでつないで，スタートから何本かの色の線を描き，同系色の葉やめいろにあったら楽しいものを，混色した絵の具で描きます。巻き物をほどきながら指で道をたどっていくと，運がよければゴールインできます。友だちや先生に楽しんで欲しいという遊び心が加わることで，頭でわかった混色の方法を活用して楽しもうという意識に高まります。

同系色の混色の線で巻き物めいろに

（北川）

⑧ ナイスカードで常時相互鑑賞を促す

つなぐ

「よいところ」を見つける力

　私がずっと続けているもののひとつに「ナイスカード」というものがあります。これは，その名の通り作品などの「よいところ」をお互いに見つけ，メッセージを送り合う相互鑑賞の活動です。少しずつ改良し進化していますが，基本的なフォーマットは変わりません。子どもたちにも浸透しています。ささやかな活動ですが，常時行う相互鑑賞活動として効果を感じています。

　友だちの意外な面白さの発見やお互いを尊重する態度はもちろんのこと，「形や色，イメージに基づいて」，発想のよさや表し方の工夫を捉える力が身につくことが期待できます。

ナイスカード・表面

活動方法

　まず，ナイスカードに，題名，表したかったことや表現の工夫についてのコメントを書きます。これは「友だちに伝えたいこと」として書くように指示すると，どの子どもも抵抗なく書くことができます。

　次に，完成した作品を机の上に「展示」します。その横にナイスカードを置きます。準備オーケーです。

　美術館の中を巡るように，鉛筆を持って作品を鑑賞してまわります。左枠に自分の名前を必ず書き，作品のよいところをコメントしていきます。一番右枠の「ここがいい！」は，絵や図で示したいという子どもの意見から生まれたスペースです。

　活動が進むにつれ，一つ一つの作品にコメントが増えていきます。他の友だちがどんなコメントを書いているのかが見えます。これも刺激になるようですが，全員に絶対コメントしたい！　という「全員クリアー」の意欲にも火がつきます。言葉を活発に贈り合う子どもの姿が引き出せると思います。

ナイスカード・裏面

（笠）

⑨ 共同絵の具はコミュニケーションを高める
材料・道具

個人絵の具と共同絵の具

　低学年のうちは，パレットでの個人絵の具ばかりに比重をかけず，より楽しみながら友だちとかかわりやすい共同絵の具で描く体験をさせることが大切です。太い筆でのびのびと描くには，パレットは小さすぎます。学習指導要領でも，パレット指導は3年生から登場します。

絵の具を交換しながら描く

　35人のクラスで，45個の絵の具容器を用意しました。赤を3つ，青を3つ，というように，1色あたり3つずつ15色の共同絵の具を用意しました。「次，赤かして」「いいよ」のように，色を貸し借りする時に視覚的なやりとりや言葉でのやりとりが生まれます。見る，表す，見る，表すをくり返すことで，どの子も安心して表現に向かえます。また，友だちから「すごい」「きれい」などとほめられると，見られた側の子どももうれしくなります。丸い容器でもよいのですが，3個100円の四角いタッパーは，長い筆が容器の角で安定するので筆が転がり落ちずに重宝しています。

「次，赤かして」「いいよ」「その描き方いいね」

空だけ絵の具でぬる

　低学年では，クレヨンやパスを多く使います。絵の具との相性もよく，絵の具をはじく効果を利用すると楽しい絵が一層楽しくなります。青や水色の絵の具を水に溶いておいて，スプーンなどで自分の皿やパレットに運ばせます。一度に多く与えず，何度もとりに来させるようにすると，友だちの様子も目に入ってコミュニケーションが生まれやすくなります。

界面活性剤入りの共同絵の具

　大手メーカーからは，中性洗剤などの界面活性剤入りの共同絵の具が発売されています。絵の具が固まっても，また水で戻るので便利です。衣服についても洗濯で落ちやすいです。ガラスやペットボトルにもはじかずに描けます。注意する点は，はじき絵に使う時には水を多めにして溶かないとクレヨンの上にも描けてしまうという点です。

(北川)

⑩ 材料・道具 ICTを使った繰り返し学習で技能の定着を図る

道具や用具は「テンポよく」かつ「確実に」

　図画工作科の学習には道具や用具の定着が欠かせません。また，版画や工作など手順を説明する場面も多いものです。しかし，長い説明や解説は子どもの意欲を低下させます。

　そこで，私はICTを積極的に活用しています。大型ディスプレイなどを使って視覚的に提示し，具体的な操作を行いながらテンポよく指導します。その合間に大切な説明を確実にしていくように心がけています。パワーポイントは，提示するタイミングを決めることができますので，子どもの様子を見て「待つこと」ができます。またデジタル教科書の映像コンテンツなどでは「一時停止」や「スロー再生」などが有効です。何度も繰り返して，理解と定着を図ります。

パレット指導の基礎・基本をプレゼンテーションソフトで手作りする

　ICTを活用した技能指導の具体例をひとつご紹介します。どの学年でも使える「個人絵の具とパレットの指導」に使える手作りプレゼンテーションです。これを大型ディスプレイに映しながら指導します。一度作成しておけば便利です。

　右の写真1枚が1スライドです。全部で22枚ありますが，紙面の関係上省略しています。

　②〜⑤までは「筆の洗い方」の基本です。⑧と⑨の間，⑫と⑬の間，⑭と⑮の間にも，適宜補足を入れて活用して下さい。継続して指導することで絵の具の技能は確実に上がります。

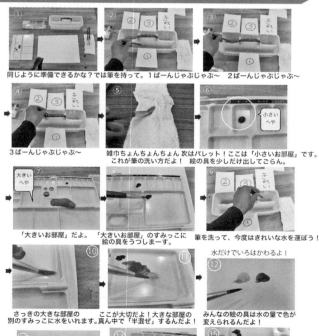

（笠）

⑪ 授業で子どもたちと小刀を使う
材料・道具

小刀を授業で指導する～肥後守（ひごのかみ）の使い方を学ぶ～

3年生くらいの学年の子どもたちに指導したい道具のひとつ，小刀。一本一本職人さんたちの魂が入った本物です。使う者にとって最高の仕事になるよう，研ぎ澄まされ洗練されたフォルムは無駄なものが一切ありません。

小刀はおそらく最古の道具に近いでしょう。道具を使うようになってから，人の知能が発達していった歴史を顧みると，ボタンひとつで，人差し指と親指のスクロールでなんでもできる時代に近づいた今だからこそ，図画工作で小刀の指導を徹底する意義があると考えます。

子どもたちはさやから恐る恐るレバーを押し，ゆっくりと刃をひきだします。鋼の鈍い光との対面はどの子も緊張の面持ちです。日本人が担ってきた文化は中途半端な道具でなく，できれば本物で，子どもたちにも体感させたいと思います。

小刀（肥後守）

授業の導入で

次のように順序だてて話をしています。使い方は徹底させます。なぜそうするのか，担任の手の動きを見て，子どもたちにその理由も探らせます。

①字で書くとわかる通り「刀」は「力」ではありません。右手（利き手）はほとんど動きません。小刀を支える力しか実は入っていません。

②むしろ動かすのは左手。鉛筆などを刃に当ててゆっくりと前後に動かします。動かすだけの力です。削りかすが小さいことも確認させます。

③両方の親指どうしは刃の根元近くで触れています。脇はしめています。或いはひじは机に固定しています（身体と小刀は一体感を）。

授業の展開

誰一人として怪我をしないことが一番の「めあて」であることを，担任の願いとして伝えます。鉛筆などを削ることから，展開として，剪定（せんてい）などで捨ててしまう枝を削る活動につなげます。

キーホルダーづくりへ展開▶

（仲嶺）

準備や片づけの手順を
わかりやすく示す

材料・道具

「元の場所に片づける」でOK

　版画など，材料や用具を多く使う授業があります。効率を考えて，あらかじめ班ごとに材料や用具を配っておくのもよいでしょう。でも，片づけの時に「どこに片づければいいですか？」と質問され，ひとつひとつ片づけの説明が必要になることもあります。

　私は，片づけさせたい場所を決めて，そこから必要数を子どもが運ぶようにします。13ページでも書きましたが，材料を取りに行くために離席させるのも交流のための手立てと考えています。そして，片づけの時は，「元の場所に戻しなさい」というシンプルな指示で，子どもにもわかりやすく伝えます。

ローラーを保管する教具の例

　発泡スチロールのりんご箱のふたを2枚重ねて，6×5で30個の穴を開けます。バーベキューの網を底にあててビニールテープで全体を巻きます。整頓しにくかった版画用スポンジローラーがすっきり収納できます。使いたい色に近い色のローラーを選ぶのも簡単。ぬれたままでも収納できます。穴は，22mmのドリル刃（ホームセンターや通販で数百円）で開けると簡単です。はんだごてでも開きますが，ドリルの方が簡単でスマートです。用務員さんや，作業が得意な職員に頼んで，学校にひとつあると便利ですよ。

（北川）

りんご箱のふたで，こんなに便利な収納がつくれる

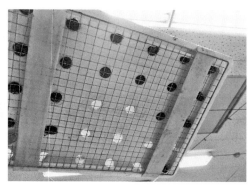

上：底にバーベキュー網を
　あてて，水切れのよい脱
　落防止
右：22mmのドリル刃

第1章　図画工作授業がうまくいく！指導アイデア

13 図工室の3つのルールを必ず守る
材料・道具

新年度のはじめに必ず確認

　図画工作の授業の中では，できる限り認めてあげたいという思いがあります。だからこそ，ルールが大切だと考えています。
　「これは絶対に守って欲しいこと」
　これを私は3つ設けて，新年度にどの学年でも確認をしています。どれも当たり前のことですが，ルールとして明確にしておく必要があると思っています。

ルール① 安全・安心

　まず，図画工作で指導しなくてはならないことは「安全・安心の指導」です。子どもの思いを存分に引き出し，様々な経験や試行錯誤をさせるための大前提だと私は思います。
　安全とは「身体」に関する安全です。主に材料や道具の取り扱いについてです。刃物や先の尖ったもの，また電気によって動く工具類など，図工室には扱い方を間違えれば危険を伴うものがあふれています。こうしたものは目的に応じて正しく使わせなくてはいけません。怪我や命に関わるものですから，ルールにして指導します。
　安心とは「心」に関する安全です。図画工作は，一人一人の思いや願い，考えを，形や色，イメージなどで表す学習の時間です。それを実現するためには，お互いを尊重する気持ちが不可欠なのです。誰もが安心して自分の思いを表現できなければいけないのです。そういった気持ちや学級風土は，1日でできあがるものではありません。やはり，ルールとして常に共有する必要があります。この2つについては，特に事ある毎に伝え指導するよう心がけています。

ルール② きりかえ

　一人一人が，めあてに即して，試したり追求したりできるようにしたいと思います。また，その時間を十分に確保したい。この理由を伝え，話をする場面には「きりかえ」をするように指導し，ルールにしています。

ルール③ 片づけ

　図工室は全員でたくさん活動します。ですから，全員で図工室全体を片づけます。そのため，自分が使ったもの以外も片づけることをルールにしています。

（笠）

14 活動・材料を小出しにする
材料・道具

子どもに，何と，いつ出会わせるか

「最初は盛り上がるのですが，途中で意欲が下がってしまう……」
「『先週の続きだよ』と伝えたとたん，子どもの中に新鮮味がなくなるのがわかる……」
　図画工作の授業をしていて感じたことはありませんか？　私自身，どうして意欲が下がってしまうのか，悩み反省する毎日です。図画工作の教科書にも6時間扱いといった時数の長い題材もあります。どうしたら子どもの意欲を持続させることができるでしょうか。「子どもが何と，いつ出会うか」を意識し，単元を分割して考え「小出し」にするとうまくいくことがあります。

出会い・スモールステップ

　例えば，「未来のまちをつくろう！」という工作の題材に取り組む場合を考えてみましょう。
「今日は未来のまちをつくります。あなたならどんな家やお店にしますか？」
と主題をすぐに提案したとします。さらに材料をすべて提示し「これでつくりましょう」と選択肢を見せてしまっては，最初は飛びつきますが，次週以降に新鮮味がなくなり，意欲が下がってしまう可能性があります。そこで少しずつ出会わせてみましょう。
　まず「未来の自分」と出会わせます。自分という主人公をつくるのです。小さく切った画用紙でよいでしょう。自分の他にも家族やペットもつくりたいと言いはじめるかもしれません。子どもの中で少しずつ未来世界のイメージがふくらみます。
　次に「土地」と出会わせてみてはどうでしょう。建物が建てられそうな大きさのボール紙を各自に1枚配ります。これを土地に見立てるのです。主人公たちを立たせたり，友だちと自然につないだりして，未来のまちに対するイメージがグッと高まります。
「みんなでつないだら未来のまちになりそうだね。未来のまちにはどんなものがあったらいいだろう？」
　ここで主題を提案し未来のまちについて語り合い共有します。そして次時へつなぎます。アイデアを考えてきた子どもたち。最初は基本の材料のみ渡します。少ない材料で試行錯誤します。ある程度，各自がイメージに入り込んで活動し，そろそろ広がりが出てきそうなタイミングで「プラスの材料」をいくつか提示します。少し表現に困っていた子どもの顔もパッと明るくなり，意欲に再び火がつきます。材料や活動を小出しにしていくことで，子どもの意欲づけが促され，学びの過程における発想や創造的な技能も発揮されていきます。
(笠)

みとりと評価で子どもを伸ばす

子どもを伸ばすことが評価

　自分の学級の子どもたちに足りない力は何か。その課題を解決するためにどのような図画工作科の授業が有効なのか。それが授業のねらいになります。子どもが伸びるために何を用意できるか考えること。それが教材研究であり評価研究です。

　一人一人の伸びしろは授業での姿の変容，言動，作品，手記……。様々な子どもの反応に表れます。子どもが気づかないつまずきやちょっとしたポイント等，今自分はどこにいるのかをそっと後押ししてあげる。子どもたちの評価・みとりは子どもの育ちに寄り添うことです。

互いの評価を通して自己評価につなげたい

　評価の目指すところは自律です。その土壌として，互いに評価し合う仲間集団を育てたいものです。そのためには，まず教師がみとり上手を目指したいものです。「ここのところよく考えたね」と，素直で直感的な作風を認めつつ，子どもが懸命にこだわっているポイントをズバリと指摘したいと思います。また，下記のような子どもたちの仲間の思いに寄り添う声を，教師が大切にみとり評価につなげます。「◎◎ちゃんのこれ，いい色だね」「◇◇を表してるのかな」「△△の感じが出てるよ」「それならむしろ◆◆したらいいんじゃないかな」などと少しずつ少しずつ互いに伸びようとする言葉を評価してあげたいと思います。「◎◎君，今いいこと言ったぞ」「○○さんの言いたい気持ち先生にもわかるな」教師も同じ目線です。授業の全ての場面で行うべき一番大切な教師の子どもたちのみとりです。

授業でつくる新しい自分

　いきなり教師も驚くようなものを，授業の開始早々出してくる子もいます。しかし，本当の試行錯誤はそれから。評価はその授業での子どもの変容です。誰が見てもすてきな作品をつくれることもよいけれど，表面的な造形的なよさはその時その時の相対的なもの。評価すべきはその子にとって新しいものを探求する姿勢です。45分後はここまで変わった・できたという頑張りです。互いに切磋琢磨しながら，新しいものに気づき新しい自分をつくり出した子どもこそ評価してあげたいものです。

(仲嶺)

子どもたちの作品から
学びのプロセスを知る

子どもたちの作品を「鑑賞」する場を確保する

　授業での子どもたちの作品は、まさに学びの痕跡、学びのプロセス。教師の仕掛けから思いついたこと、試行錯誤の末に気がついたこと、仲間から学んだこと、授業での子どもたち一人一人の変容が表れているものでしょう。言うなれば作品は、その時間の自分自身。作品は試行錯誤し同じ空間を共にいたからこそ、その結果そこに行きついたもの。仲間と皆で互いの成果を味わう鑑賞の場も、できるだけ確保していきたいものです。作品を常に大切なものとして扱うことは、子どもたちと共有したい大切な学びです。

「学び」は「まねび」

　授業であるからこそ、仲間から学んだことをつくり替え、自分のものとして表出することは、学び合う集団として、期待したいところです。互いに影響し合って一緒に高みへ行く学校での学びのよさ。自分の表現が仲間を高めることに関与できた素晴らしさ。そのような学び合いを子どもたちにも目指してもらいたいものです。低学年では、お隣さんの作風が似てくるのはよくあります。形や色などを通して仲間と共感し合う低学年の素直な姿です。そのような教師の願いも、子どもたちに常日頃から伝えていきたいものです。「あなたの作品が素晴らしいからこそ、みんなが気に入って真似したがるんだね」「そうなのか。よし！　もっともっと新しいの考え出すぞ！」というようなやり取りで子どもの意欲へつなげたいものです。

作品をやり直したい願い

　授業で子どもたちから多く聞かれるのが、作品を「初めからやり直したい」との願いです。教師としては、時間や評価など様々な大人の都合も脳裏に浮かびます。しかし、授業での子どもたちの思いや願いは刻一刻と変わりますし、そもそも作品の完成はありません。作品は学びのプロセス。であればいつでも途上。その授業、その瞬間「できた」と感じた思いも、時間をおいて作品を見れば気になるところが必ず見えます。ましてや1週間後の授業では、子どもに新しいアイデアが積もってくるのはなおさらでしょう。見通しをもつことも大事ですが、試しながら色々思いつくのが多い教科。可能な限り子どものやりたいことに寄り添いたいものです。

（仲嶺）

17 完成は自分で決めさせる
評価

「先生, これでいいですか」で, いいですか？

　なんでも教師に許可を求める子どもがいます。ルールを明確にしていると，集団が整うなどの利点が多いのですが，図画工作の授業の場合はそれだけではもの足りません。言われたことができる子どもを育てる授業ではなく，それを越えて自分で考えようとする子どもを育てられる貴重な教科，貴重な学びの時間です。

造形遊び的にとことんやるか, 作品を残したいか

　造形遊び的に活動していると，子どもは色が全て混ざるまでとことんかき混ぜたり，積み上げたものをくずして楽しんだりすることがあります。教師の目から見ていると，「そこでやめればすてきな作品なのに」と思う瞬間もあります。しかし，「ここでやめよう」と教師が決めたくないので，次のような方法を試みることがよくあります。

①新しいお友だち作戦

　「楽しそう。いい色だね。すてき。ねえ，新しい画用紙があるけど，どうする？」

　「かっこいいおもちゃができたね。紙コップがまだあるから，もう１個つくる？」

　こう言っても，「まだかく〜」「まだ完成じゃない」という子もいます。やわらかく，子ども自身に「完成」を判断させるひとつの方法です。

②デジカメで記録

　デジカメで撮ってあげたり，台数があればグループに１台ずつデジカメを与え，途中段階でも撮影するようにさせます。「撮って」「撮りたい」という瞬間は，子どもなりに何かしらの達成感が得られた瞬間です。積んだり並べたりする活動など，変化を楽しむ活動では途中段階の記録も残り，子どもにとっても教師にとってもプラスです。その瞬間・瞬間が作品とも言えます。写真に撮ってもらい，あっさりくずして再構築を楽しむ子どももいます。作品展を念頭に置かないなら，そのようなチャレンジの連続も最大限に応援してあげましょう。

題名を決めるとゴールが見える

　終末にさしかかったころ，「題名も決めましょう」と言うと，子どもは題名を考え始めます。なんとなく考えていたことも，言葉として題名を決めると自分なりのゴールが見えてきます。「よし，これで題名どおり」と，自分なりの決着点が生まれます。

（北川）

18 評価 「先生できました」を一度認める

「先生もうできた」「もう終わったよ！」早く終わらせたい気持ちを一旦認めて受け止める

「先生できました！」と，すぐに活動を終わりにしてしまう子どもがいます。

教師は心の中で，「もう少し試行錯誤して欲しい，作品に粘り強く取り組んで欲しい」と思います。こんな時，まずは子どもの「できたよ。終わったよ」の気持ちを受け止めてはどうでしょうか。

「できたね！　やったね！」
といって自分で終わりを決められたことや満足できた気持ちを認めます。そして作品の形や色，イメージを手がかりにして話をします。

「さあ，どんな感じの作品になってきたのかな。一番好きな部分はどこ？　どうして？　先生はこの部分の色がとっても気になるなあ。この形はどんな意味があるの？」

子どもが何かしら語ったら，それを手がかりに次の活動の足がかりを提案します。

「だったら，もう少しこの部分がくわしく描いてあると伝わってくる気が先生はするけど，どう？　やってみようか」

頑張って，だけでは先に進めませんから，具体的な活動イメージを与えてもよいと思います。

こうした場面での即時的な評価や支援は，どのようにつくっていけばよいのか，図画工作で試行錯誤するとはどういうことなのかを伝えるチャンスとも言えます。子どもの「自分で学びの過程をつくっていく力」を育てるのです。

小さな活動で繰り返し楽しめるようにする

また，材料や場の設定を工夫することでも「試し続ける子どもの姿」を引き出すことができます。「できたよ！　次やってみるね！」となるわけです。例えば，絵の具を使った造形遊びの活動があります。教科書などでは4つ切りや8つ切り画用紙で行う設定になっているものを，16切りや32切りなど「小さいカード」にすると，子どもたちは試し続けることができます。これにはカードをコレクションするような楽しさもあり意欲が持続します。「一題材で一作品」という考え方を一旦脇に置いて，他の領域の題材もとらえ直してみましょう。子どもの「もっとやる！」の声が増えると思います。

またできた！

（笠）

19 評価 図画工作と実生活をつなぐ

なんの役に立つのかを子どもに感じさせる

「今日は木の工作をします」を,
「今日は大工さん(職人さん)になるよ!」
に変えて伝えてみると,子どもの顔がぐっと明るくなるような気がします。

高学年の子どもたちに
「今日は絵を描きましょう」
と伝えても,今一つ心に届かないことがあります。そんな時,
「今日は芸術家になっちゃうよ!」
と伝えると,なんだか子どもの活動が生き生きとしてきます。

大工さんのようにトントントン!

「今日は家の中で使えるものをつくりましょう。どんな形や色だと家の中がより豊かに感じられるだろうね。みんなの実際の生活の中で,それを考えてつくっている人を『デザイナー』と言います。ですから今日はみんな子どもデザイナーだね!」

こんな風にして,今日の図画工作の学習が,今の社会とどのようにつながっているのかをさりげなく子どもに伝えることは大切だと思います。特に高学年の子どもに対しては,意欲を高めるひとつの手立てでもありますし,中学校へのつながりを考えても必要なことでしょう。

ここでは,学習の始まりに伝える例を挙げましたが,学習のまとめとして伝えることもできます。デザイナーの例で言えば,「家の中のお気に入りデザインを探そう」と投げかけ,それを写真に撮り,発表し合うなどの発展的な学習展開などが考えられます。

芸術家みたいに絵と向きあうよ

(笠)

第2章

ポイントを押さえて
カンタン追試！
題材ネタ50

① 最新モードコレクション！

造形遊び　**低学年**　🕐 標準実施時間　45分×2時間

■材料
4つ切り色画用紙（各色7～10枚，可能な限り）

■道具
ステープラー/はさみ/セロハンテープなど

ぼくのふく，どうかな？

授業の流れ

❶（5分）
2枚重ねの紙を切ると，同じ形が2つできることを確認する

→ ❷（10分）
ステープラーで綴じた2枚重ねの4つ切り色画用紙に切り込みを入れる

→ ❸（10分）
開くとシンメトリーの形になった美しい立体的な形をつくる

→ ❹（65分）
❸を頭からかぶり身体と一体化させ，自分なりのテーマを決める

この題材で大切にしたいこと

○偶然性を取り入れたシンメトリーの形のつくり方の面白さを感じ，表したいように工夫することができる。

○ステープラーで綴じた2枚重ねの画用紙を切ることでできる形から，折り曲げたりひねったり，さらにステープラーで部分的に綴じたりしながら，身体と一体となった心地よい形をつくり出すことができる。

○自分そのものも作品と同化する楽しさを，仲間とともに楽しみ，よさを共有することができる。

評価のポイント

　綴じた色画用紙を2枚重ねで切ることで，シンメトリーの形になります。紙の切り離しはしないようにさせると，偶然性も伴い思いもよらぬ形になります。できた形を頭からかぶることで，形の心地よさを生かしていく姿，自分と作品を同化させイメージを広げていく姿などをみとり，一人一人の生み出した形の面白さを，「○○のようだね」などと，教師もともに味わうように具体的に声掛けしてあげるとよいでしょう。互いの後ろ姿などを仲間と声を掛け合ったり，チームとしてのテーマを思いついたりする子たちもいます。大いに励ますとよいでしょう。

材料準備・道具の使い方のポイント

　身体を包んでしまうくらいの素材を扱うダイナミックな活動になります。

　２枚の４つ切り色画用紙をつなげて使うことで，シンメトリーの形を彩り，その硬さも立体的な美しさも味わえる適当なものと考えました。シンプルな色合いを楽しませるため，ここではあえて描材は教師からは提示しません。ステープラーは容易に紙を綴じることができるので，本題材では，子どもたちの思いや願いをすぐに実現することができ，またやり直しも利きやすく，低学年の子どもたちには最適な道具といえます。はさみと同様，安全面は子どもたちと事前によく話し合う必要があります。

はさみとステープラーの使い方は導入時に

授業のポイント

　ダイナミックに広がる活動だからこそ，道具の扱いも大切なものであることを事前に確認します。そのため活動方法は，下記の手順で丁寧に実際に教師がやって見せながら行います。

① 「２枚の色画用紙をこのように適当なところを３か所くらいステープラーでとめます」
② 「次にゆっくりはさみで自由に切っていきますよ」（ここでは偶然できるシンメトリーのよさを味わうことにつなげたいと思い，画用紙は切り離さないこととしました）
③ 「切った形を開いてみますよ。ここをつなげてみようかな。ここを折り曲げてみようかな……。面白い形がみえてきたよ」
④ 「頭からかぶってってみますよ」

　子どもたちの変身願望を満たす本活動は，創造性を促すものとなります。可能な限り，姿見を用意したりデジカメで撮って見せてあげたりしながら進めさせるとよいでしょう。

様々な形に広がります

後ろの形の面白さも互いに見合って

（仲嶺）

② 秋のおべんとうばこ

`造形遊び` `低学年` 🕐 標準実施時間　45分×2時間

■材料
落ち葉などを集めてくるための袋／
A3程度の紙
■道具
デジタルカメラ（教師用）

秋の自然のおべんとう!!

授業の流れ

❶（30分）
校庭などで，落ち葉や木の実など「秋」を探す活動をする。「兄弟の落ち葉」など形や色の視点をもてるようにする

→ ❷（30分）
教室へ戻り，画用紙の上に並べ方を工夫して気に入った感じの「秋のお弁当」になるように試しながら表す

→ ❸（10分）
お弁当を紹介するための「メニュー」を書く

→ ❹（20分）
目で味わうお弁当試食会を行う。写真を撮影する

❗ ❷の中でいくつもつくるなど繰り返す

この題材で大切にしたいこと

○落ち葉が光を通すことや，ひとつひとつの形が微妙に違うなど，自然材料の造形的な特徴に気づくこと。
○落ち葉や木々，木の実などの形や色の特徴を捉えて，「おべんとうの具材」に見立てて表すこと。
○自然に触れ合うことを通して，身の回りの自然物の形や色のよさや美しさを楽しむこと。

評価のポイント

　デジタルカメラで作品を撮影し評価に活かします。活動を通して主体的に楽しむ姿や，お弁当の具材に見立てて，形や色を意識して並べることができていることを大切にします。さらに，お弁当の紹介を「メニュー」として言葉で書かせることで，子ども一人一人の形や色への気づきなどをみとります。

材料準備のポイント

　学年を問わず，季節ごとに自然に触れさせたいものです。自然のもつ形や色，手触りに対して，子どもが意識的になるような学習の場が大切です。

　ここでは，秋の落ち葉や木の実を集めに出かけますが，そのカサカサ，コロコロとした手触りも重要な学びの要素になるのです。

　「今，集めた落ち葉。兄弟の落ち葉はいる？」
　「これとこれ，色が似ているよ！」

　など，造形的な気づきが生まれます。それをクラス全体で共有し，形や色に着目させていきます。さらに，「手で触った感じはどんな感じがする？」と続けます。気持ちよさや音の感じを話すでしょう。

　「じゃあ，色とか形とか手触りの感じを大切にして，もっと探して集めよう！」と活動を展開させます。たっぷり時間をとりましょう。

　柔らかい秋の光が降り注ぎます。誰かが落ち葉をかざすと色がとても美しいことを発見し，クラスみんなでその色を楽しみ始めました。素材のよさや美しさを自分たちで見つけていく，こうした姿を大切にしたいものです。

うわぁ，きれいな色!!

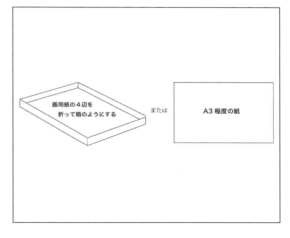

授業のポイント

　教室に戻り，集めてきたものを広げ最初と同じ問いかけをします。

　「似ているものある？」「あるよ！」

　集めてきたものの仲間分けをして，

　「それを材料にしてお弁当をつくろう！」

　と投げかけます。落ち葉や木の実を並べたり組み合わせたり，素材や材料の形や色の特徴を生かした表現活動です。秋を探す造形遊びから自然な流れで作品化へとつなげます。

見て見て！　これがおかずだよ！

（笠）

③ からだで影絵

造形遊び　**中学年**　🕐 標準実施時間　45分×4時間

■材料
OHPシートか透明なPP袋／色セロハン

■道具
OHP（代用：プロジェクター，ハロゲンライト等）／白い布かビニールの幕／油性マーカー

影をたし算，考えをたし算

授業の流れ

❶（10分）影絵の身体表現のVTRを見て，イメージをもつ
→ ❷（30分）グループをつくって，グループごとに影絵の試し遊びをする
→ ❸（110分）グループごとに簡単なテーマを決めて影絵づくりを試し，修正しながら影絵づくりを追求する
→ ❹（30分）発表会や撮影をして，みんなで見合い，よさを認め合う

この題材で大切にしたいこと

○光と影の関係を試しながら理解します。光源と幕の間のどの位置に立つと影が大きく（小さく）なるのか，仲間と体が触れなくても影が重なるなど，気づきを技能として生かします。

○頭で思っても，影のたし算は簡単にはできません。スクリーンに映る影を見ながら友だちとイメージをそろえるように話したり動いたりする中で，思考・判断・表現力が育ちます。

○意見がある時には，友だちの考えを否定するのではなく「もっとこうするとよい」という対案を形や動きで示しながら前向きに表現を高めていこうという集団の学びにつながります。

評価のポイント

　めあてとして，「影をたし算，考えをたし算しよう」としました。例えば，一人でキツネの影をつくっているだけではだめです。友だちとキツネの群像をつくるのは一歩進んだ姿です。山，ススキ，お地蔵さんもつくろうと，友だちと影や考えをたし算しながら表すことが大切です。「それじゃあこうしよう」と新しく提案したり，「こういう方法もある」と影の形や動きを示しながらの対案を出したりする学びの姿勢が大切です。影絵の結果としての出来栄えばかりでなく，学びの過程をつぶさにみとってあげられることが重要です。

材料準備のポイント
- OHP（オーバーヘッドプロジェクタ）は，油性ペンや色セロハンの色を美しく投影する光源です。廃棄した学校が多いでしょうか。他の光源でも可能です。
- スクリーンは，白いカーテン布やシーツでもよいです。私は，180cm幅のホワイトシート（工事で養生用に敷く）を100m巻4000円程度で購入して使っています。
- 動きやすくて体の線が出る体操服を着ます。
- 暗くできる部屋を使用します。

これでいいかな。試しながら，話し合いながら…

道具の使い方のポイント
- 光源とスクリーンが近すぎると影がはみ出てしまいます。練習は，壁をスクリーンに見立てて投影してもよいでしょう。
- 4人グループぐらいがよいでしょう。3分や5分でグループを交代させます。4人で足りない影絵表現の時は，他グループから助っ人を借ります。
- イス，板，棒，ひもなど，小道具の使用もよいですが，頼り過ぎないことが大事です。

犬に変身した子のリードは，ケガをしている子の松葉杖

授業のポイント
- YouTubeで「影絵パフォーマンス」と検索すると，アメリカの影絵パフォーマンスが見られます。いくつか見せて，その模倣から始めるのもよいです。何も見せないと，単なる手遊びから先に進みにくいです。
- ペアグループをつくって，タブレットPCなどで相互に撮影し合えば，相互鑑賞や教え合いにつながりやすくなります。
- 表からのビデオと幕の裏のビデオをとっておくと，3倍楽しく鑑賞できます。

油性ペンで描いた魚，寝そべった子の手の影で海藻やイソギンチャク，海中を泳ぐ子ども…

（北川）

④ 色砂をつくろう

| 造形遊び | 中学年 | 🕐 標準実施時間　45分×2時間 |

■材料
寒水石（2厘(りん)）または硅砂など白っぽい砂／アクリル絵の具または水彩絵の具

■道具
おわん／わりばし／コピー用紙

つくってわくわく，ならべてうっとり

授業の流れ

❶ (15分) → ❷ (45分) → ❸ (30分) → ❹ (課外)

❶ 色砂の混ぜ方，乾かし方，用具の使い方などを知る

❷ 色砂をつくり，乾かして容器に入れ，色名をつける

❸ 名前をつけた色砂を並べて見合う（色名を隠して色名を予想させるのもよい）

❹ 飾って楽しむ，使って楽しむなど，その後の図画工作の材料のひとつとする

この題材で大切にしたいこと

○自分でつくったオリジナル色砂に名前をつけて，友だちと鑑賞し合います。同じ色砂に違う名前をつけた理由を交換し合うなど，色のもつ印象の個人差や根拠などに目を向けます。

○まずは色砂を調合することから始まります。絵の具の量で色の濃さを変えたり，赤い色砂の上に黄色を重色したり，つくった色砂をミックスしたりなど，実験的に思考します。

○「昆布茶味」「沖縄の夕日の色」のようなタイトルに込められた個人の印象や思い出にもよりそって友だちの感じ方を認め合えるような集団づくりにつなげたいと考えます。

評価のポイント

色砂を自作することは，とても楽しいことです。いろいろな色合いの色砂を調合することや，友だちの色砂とミックスして「自分ミックス」をつくること自体がとても楽しい活動です。楽しさを味わうことが第一義ですので，最初から知的に働きかけてはいけません。頃合いを見て，「色砂に名前をつけてみよう」と提案します。色に対する感覚を働かせて思考し，実際の色名をあてはめたり個人の思い出を生かしたりしてネーミングし，鑑賞し合うことにつなげます。

材料準備のポイント

- 寒水石は結晶質石灰岩を砕いた茨城県北部産の白い砕石です。類似した白い砕石は産地によって名前が変わります。インターネットやホームセンターで25kgあたり2000円程度で購入可能です。2厘の細かさを使用します。
- おわんに寒水石100g弱を入れて，アクリル絵の具をスプーンで少したらして2本の箸で混ぜます。色砂の耐水性を気にしなければ，水彩絵の具でもできます。絵の具の水分濃度はスプーンから糸を引いて垂れる程度です。

絵の具は入れすぎに注意。後から追加・重色も可

道具の使い方のポイント

- 混ぜた色砂は広げて乾かします。広がっている時の方が，目に入る色味を強く感じます。折り目をつけた白い紙の上で乾かせば，カップや袋に移す時に容易ですし，色がはっきり映るのでおすすめです。
- うまく混ぜると，おわんには絵の具がつきません。おわんは一人ひとつだけにすると，汚さないコツを早くつかみます。
- 小袋か90mlの透明カップなどに分けて，色名と氏名を書いて並べ，鑑賞し合います。

天日でサラサラに。絵の具が適量なら，5分で乾く

授業のポイント

- 実は，私は複数の色砂を混合したミックス色砂が好きではありませんでした。でも，子どもの喜んでいるようすや，思わず共感してふき出してしまうネーミングなどに触れて，混合のよさもわかりました。この例のように，自分には無い価値観と出会って自分の中のものさしがひとつ増えるような相互鑑賞が生まれるとおもしろいです。
- 色砂はその後の工作や絵にも活用できます。

小さい透明袋や透明カップに入れ，色名と氏名を書いて相互鑑賞する

（北川）

⑤ 色水コーディネート

`造形遊び` `高学年` 🕒 標準実施時間　45分×2時間

■材料
凧染料またはプリンタインクまたは水性カラーペン／水／光（太陽光・ライト等）

■道具
透明容器／ペットボトル（水入れ）／透明ストロー／白か銀のお盆かシート，紙など

濃淡や並べ方を工夫してセットの名前をつける

授業の流れ

❶（5分）
水と光，色の濃淡や色の組み合わせを楽しむ学習であることを知る

→ ❷（30分）
自分なりに工夫して，さまざまな可能性を試す

→ ❸（45分）
思いついた色水コーディネートをめざして，色の濃淡や組み合わせを工夫して色水セットをつくる

→ ❹（10分）
色水コーディネートの題や思いを紹介し合う

❗ ❷❸試行と作品化は，行き戻りあるいは混在する

この題材で大切にしたいこと

○色のグラデーションの美しさや，寒色・暖色の使い分けなど，色彩の組み合わせについて試しながら学びます。
○自分なりの色水セットをつくり，ネーミングも工夫します。自身の振り返りや友だちのとのかかわりから自信を深めたり，新しくわいた感じ方で組み替えて表現を追求したりします。
○淡く繊細な表現や，濃く大胆な表現など，友だちと自分の違いを認め合いながら，色・形・材質感などと個人の感性の結びつきを意識できるようにしたいです。

評価のポイント

　青から緑にわずかずつ変化する繊細なグラデーションをしている女の子と，その隣でカップを積み上げてシャンパンタワーのように動くカラフルで大胆な混色を楽しんでいる男の子。やがて，女の子は他の色も組み入れるような試行をしたり，男の子は青のグラデーションを意識してシャンパンタワーを試し始めたりします。このような活動中の相互鑑賞が及ぼす作用もみとりつつ，色水セットの色彩センスとネーミング（セットの根拠）も併せて評価しましょう。

材料準備のポイント

・凧染料という，粉末の染料があります。和凧の武者絵等を描く和の色彩を感じさせる透明な色水がつくれます。
・100円均一でも手に入るプリンタインクのシアン・マゼンダ・イエローの3色でもできます。水性サインペンの軸を水に浸しておくだけでも染料系の色水がつくれます。
・銀色のお盆や白いシート・紙などは，透明感のある色水に光を与えて美しく見えます。
・私は透明な90mlのプラコップを使います。

カラフルな色合いで，丸い形に配置

道具の使い方のポイント

・導入では，透明な水を階段状に水位を変えて並べて見せました。次に色を加えました。色と形の両方でコーディネートします。
・透明なストローをスポイト代わりにすると繊細な混色を楽しめます。
・卵パックも手軽ですが，色水の差し替えができないのが難点です。
・お盆や流し場を利用すれば，右下の写真のような大胆な活動もできます。

ななめの2列の配色は，隣同士の色が響き合っている

授業のポイント

・デジカメやタブレットPCがあれば，いろいろなバージョンの色水コーディネートを記録できます。できれば，子どもが自分で判断して撮影できる台数があると理想です。
・色水は，光の影響で美しさが変わります。窓辺に並べたり，外に持って行ったりして写真を撮ると，違うセットのようにも見えます。お盆に載せておくと移動が容易です。
・懐中電灯等で照らすのも美しく，子どもどうしの協力も生まれやすくなります。

重ねて上から水を追加すると，予想外の「動く混色」に

（北川）

紙の表情

`造形遊び`　`高学年`　🕒 標準実施時間　45分×2時間

■材料
32切り厚口画用紙

■道具
カッターナイフ／カッターマット／はさみ／化学接着剤またはのり／チョーク，クレヨン／フィキサチーフ／デジタルカメラ／プロジェクターなど

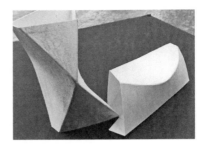

児童作品

授業の流れ

❶（10分）
画用紙をカッターの筋をもとに曲げると，幾何学的な面白い立体となることを知る

→ ❷（30分）
紙の端の貼り合わせ方により，画用紙の弾力が働く。できた曲面などから立体をつくる

→ ❸（20分）
できた面や線の織り成す形や微妙な陰影，奥行き等の発見から，次の活動への契機を促す

→ ❹（30分）
数回試し，見つけた形の面白さを活かすよう，チョークで色付けを楽しむ

この題材で大切にしたいこと

○画用紙をカッターで任意に入れた筋をもとに折り曲げ，幾何学的な立体ができることに気づく。

○いくつか試すうちに紙の弾力を少しずつコントロールし，自分のイメージを大事に発想・構想していく。

○仲間の作品からのヒントを試したりさらにつくり変えたりして互いのアイデアを共有する。紙の弾力が意外な形を醸し出すことから新しい表現に向かう。

評価のポイント

　直観的な子どもらしい発想から一人一人の見つけたこだわりを教師が意図的に取り上げることで，自分の作品を互いにつくり変える姿に誘います。実践では，できた形の美しさをそのまま生かす豊かな彩色としました。幾何学的な形のよさを味わう活動を通して，何度もつくり変える姿，形のよさを味わいながら発想・構想につなげる姿をみとります。

材料準備・道具の使い方のポイント

32切り厚口画用紙に，カッターの刃の後ろ側で何本か向かい合う辺の間に筋をつけます（写真上）。刃の後ろ側だと紙が切れることなく紙を折り曲げる筋をつけることができます。極端でなければ曲線や線の重なりも可能です。4・5本程度の筋をつけたら，筋に沿って内側に画用紙を丁寧に折り曲げていき，画用紙の端などを化学接着剤（またはのり）で留めます。すると，筋の入れ方と画用紙の折り曲げ方により，写真のようないろいろな形の表情をみせる立体ができます。このようなやり方で立体がつくれるという経験は，ほとんどの子どもが初めてであろうと思われます。

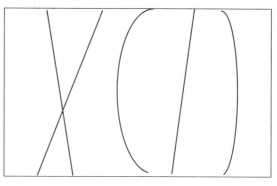
筋を入れて画用紙を曲げる

授業のポイント

・複雑すぎたり極端に曲がったりした筋だと，中々立体になりにくいこともあります。様々試してみる中，加減も発見させましょう。
・事前にカッターや接着材などの扱いには注意させましょう。
・紙のつけたしや切り離しはせず，もとの形を活かして考えさせます。
・意図的に仲間と違う発想を取り上げ，こだわりをみとり，情報交換の中での発想の広がりを促します。
・紙の折を活かした造形は日本の文化であり，様々な技法として確立しています。先達がつくりだした文化をそのまま味わうよりも，つくりだす過程を追体験していく活動としています。

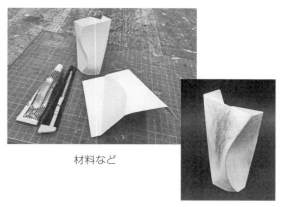
材料など

児童作品

※参考文献　実践造形教育シリーズ9
「立体構成」高山正喜久　開隆堂出版　1982

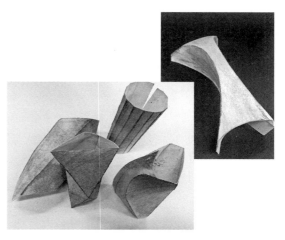
児童作品

（仲嶺）

折り曲げた紙からつくる絵

絵　低学年　⏰ 標準実施時間　45分×2時間

■材料
128切り画用紙
■道具
クレヨン/水彩マーカーなど

折り曲げると別の絵に

授業の流れ

❶（5分）
担任がつくった簡単な作品の鑑賞から，今日の課題を知る

→ ❷（10分）
まずは「リンゴ」から始まる2コマの絵とし，互いのアイデアの広がりを感じ取る

→ ❸（30分）
互いの作品をヒントに，自分なりの2コマのアイデアを形にしていく

→ ❹（45分）
紙を折り曲げる形，回数など，互いの気づきを取り入れながら，さらにアイデアを広げていく

この題材で大切にしたいこと

○折り曲げて描くことで，1枚の紙から2つ以上の絵ができるよさを活かすことができる。
○2つのつながる意味をもつ絵をつくることをきっかけに，折り曲げる場所や形を考え，さらに意味をつけ加えていき，絵の表し方の可能性を広げていく。
○互いのつくった表現を味わいながら，1枚の紙で描くことの見方・考え方を広げていくことができる。

評価のポイント

次のような気づきやつぶやき，仲間とのやりとりをみとり，評価につなげます。

・「最初に描いた絵が，紙を開くことでもう1つ違う絵に変身できるんだね」
・「開いた状態で描いた絵を，紙を折り曲げて別の絵にすることもできるぞ」
・「端っこを少し曲げて描くこともできるね。3回変身できたよ」
・「曲げれば曲げるほどもしかしたら変身していけるかも……」
・「紙を裏返すとさらに描けるよ」
・「同じリンゴの絵からでもこんなにたくさんの変身ができるね」

材料準備のポイント

互いに見たい，見せたいと願う低学年ならではの，積極的なかかわり合いを促す絵の指導です。今回は1年生と初めての出会いの場として設定しました。下記3つの視点から，今回の題材設定としました。

・出会いの場であることを踏まえ，互いの作品が見たくなるようなコミュニケーションを図る作品とする。
・互いにアイデアのよさを取り入れて，自分の表現の幅を楽しみながら広げる手立てとする。
・1枚の小さな紙でも次々絵の意味が広がる体験を通し，発想していくことを絵につなげる面白さを味わわせる。

授業のポイント

導入において，子どもたちには（写真上）のように，2つに折り曲げた128切り画用紙に，リンゴの絵を描いた作品を見せました。紙を開くとリンゴから担任の顔に変わります。「今日はどんな絵の勉強かな」と尋ねます。すると「ひとつの絵が違う絵に変わるね」「紙を折り曲げることで絵を変身させるんだ」との声です。子どもたちは，思い思いに試し始めました。

子どもたちは，どちらかといえば，様々折り曲げることを試しながら描く内容を考える姿となりました。「この子の考え方はどこが違うのかな」という教師の問いに，「山折り折り谷と2回折り曲げているね」「なるほど紙の真ん中に変身が隠されているぞ」「いいこと考えた！」とお互いのよさを感じ，さらにそれを越えて行こうとする勇ましい姿も見られます。

先生に変わったよ！

むこうの子たちも気になるね

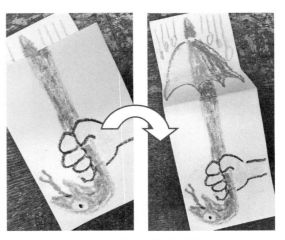

折り曲げ方に工夫があるね

（仲嶺）

⑧ ウキウキお絵かき！

絵 低学年 🕐 標準実施時間 45分×2時間

■材料
32切り程度の画用紙（1人に5〜10枚分ほど）

■道具
子ども：オイルパステル
教師：共同絵の具

絵の具をぬったら絵も心もウキウキ!!

授業の流れ

❶（15分）
教室に隠されたウキウキカードを探し，白クレヨンで描かれている絵を絵の具を使って浮かび上がらせるゲームを通して，めあてをつかむ

→ **❷（30分）**
白いクレヨンで画用紙に好きな絵を描いて，絵の具で浮かび上がらせる活動を繰り返し試す

→ **❸（25分）**
ウキウキカード探しをするために，友だちが見つけて楽しくなるようなウキウキカードを描く

→ **❹（20分）**
お互いにウキウキカードを探し合い，絵を浮かび上がらせるゲームをする

この題材で大切にしたいこと

○白い画用紙に白いオイルパステルで描いた上から水分を多めにした水彩絵の具を塗ると，絵の具をはじいてオイルパステルの絵が浮かび上がる表し方を理解すること。

○白いオイルパステルと水彩絵の具を用いると「絵が浮かび上がる」という面白さを生かして，自分や友だちが「ウキウキ」するような絵を考え，工夫して表すこと。

○白いオイルパステルと水彩絵の具を用いて絵を描く活動を試すとともに，できた作品を友だちと探し合う活動を通して，お互いの作品のよさや面白さに気づくこと。

評価のポイント

　この学習で最も大切なことは，「繰り返し絵を描くことを楽しむこと」そのものが大切な造形の力となるということです。ですから，白いオイルパステルで描いたものが，絵の具によって浮かび上がる楽しさを味わっている姿を大切にしましょう。同時に，オイルパステルが絵の具を塗ることによって浮かび上がる技法を自分なりに使うことができるようにします。

材料準備のポイント

　絵の具や筆，オイルパステルなど用具の特性を身体で感じながら獲得させるには，繰り返し試すことが大切です。そこで小さなカード（32切り程度）を用意します。オイルパステルと水性絵の具を用いた「はじき絵」を繰り返し試す子どもの姿を引き出しましょう。

道具の使い方のポイント

　共同絵の具は水を多めにしてボールなどに用意します。各色に数本ずつ筆を入れてきます。私はポスターカラーも使いますが，凧絵の具（染料系絵の具）を使うこともあります。透明感のある染料系の絵の具がとてもマッチすると感じています。子どもにとっても新しい絵の具との出会いとなり新鮮なようです。

授業のポイント

　導入の仕掛けとして，あらかじめ教師がカード大の画用紙に簡単な絵を描いたものを，教室に隠しておきます。（できれば全員分あるとよいのですが，数枚でも活動の動機づけとしては十分です）そのカードを見つけるゲームからスタートです。

　「あれ？　カードは真っ白だね……」
　「先生！　なんか描いてあるよ！」

　共同絵の具のスペースに集め，色を塗ります。子どもたちから声があがるでしょう。

　「オイルパステルと絵の具で絵が浮かび上がる，だからウキウキお絵かき！　たくさん絵を描いてウキウキしよう！」

　描けない子どもには共感的に話を聞き，好きな食べ物や習いごとに関することをまずは描いてみるよう支援しましょう。

（笠）

⑨ ポンポンタワー

絵　　低学年　　🕐 標準実施時間　45分×4時間

■材料
8つ切り画用紙（1人に2〜3枚分ほど）

■道具
子ども：オイルパステル／プラスチック色鉛筆／カラーペンなど
教師：8つ切台所用スポンジ（1人に2つ程度）／ペットボトルキャップなど／共同絵の具・トレー（1人1枚）／絵の具調整用水（各テーブルに1つ）／筆洗用水

スタンプタワーにすんでるよ！

授業の流れ

❶（10分）→ ❷（10分）→ ❸（60分）→ ❹（90分）→ ❺（10分）
描くための画用紙をつなぐ／スタンピングの方法を理解し，「タワーやお家を建てる」というめあてをつかむ／スタンピングを使って建物を建てる／建てた建物に住む人やお話の想像を広げて，ペンなどで描く／作品を相互鑑賞する

❗ ❸色紙などで窓やドアを加えるなど，イメージに合わせて表し方を繰り返し試す

この題材で大切にしたいこと

○スポンジやペットボトルキャップに絵の具をつけ，スタンプのようにして繰り返し画用紙に押して模様やイメージを工夫して表すことができること。
○縦長の画用紙に同じ形を繰り返すスタンピングによって生まれる形や模様から，ゆかいなタワーや家などの発想を広げて絵に表すこと。
○スタンピングを楽しみ，様々な押し方やイメージの表し方を試そうとすること。

評価のポイント

　数枚の画用紙をつないだ縦長の紙に，四角や丸のスタンプを積み木を積むように押してタワーや家などの絵を描きます。スタンピングの並べ方（積み方），組み合わせ方，重ね方などにその子どもなりの工夫が表れます。また，そのスタンピングの形をもとにして，楽しみながらタワーや住宅のイメージを広げ，そこに住む人や暮らしのお話を描く姿を大切しましょう。

材料準備のポイント

　主なスタンピングの材料として台所用スポンジを小さく切ったものを使います。安価で，ある程度耐久性もあり繰り返し使うことができます。他にもペットボトルのキャップなどもストックしておくとよいでしょう。

　教室に共同絵の具スペースをつくります。水はやや少なめにします。

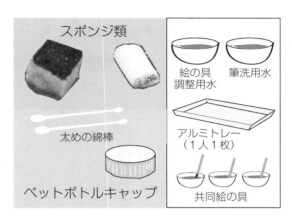

道具の使い方のポイント

　「タワーやマンションのような集合住宅」としてイメージを広げるために，まず画用紙を縦に長くつなぐ活動から入ります。8つ切り画用紙2枚から3枚がよいでしょう。

　「今日はカラフルなタワーを建てちゃおう！」

　次にスタンピングについて，まず教師がやってみせます。数回やってみせる中で，共同絵の具の使い方，机の上に用意された水を使って絵具の濃さを変えてみる，違うスタンプを使い重ねて押すなど，さりげなく表現の方法とヒントを伝えます。テンポよく楽しく伝えます。

　「下が地面だよ。ポンポン，まずは1階ができた！　2階は色を変えよう，ポンポン！」

スタンプタワーができてきたよ

授業のポイント

　「この部分は何をするところになりそう？どんな人が住んでるのかな？」
など，スタンピングの活動時からイメージを耕すよう声をかけます。共感的な声かけは表現への自信につながります。子どもの思いを中心にして描いていけるよう支援しましょう。

　学習の終盤，少し意欲が下がってきた子どもに，リサイクルの色画用紙片を与えると窓や仕掛けをつくり，意欲が高まります。

（笠）

⑩ はんぶんでチョウ！

絵 **低学年** 🕐 標準実施時間　45分×2時間

■材料
8つ切り画用紙（1人2枚分程度）
凸版をつくるための画用紙片や厚紙片

■道具
子ども：のり／はさみ
教師：版画用インク／ローラー／バレン／トレー／新聞紙

半分でポン！　きれいな羽の模様に!!

授業の流れ

❶（5分）
チョウの羽の模様を鑑賞し、みんなで話す

→ ❷（20分）
チョウの羽の模様を表すことを知り、教師の手本をもとに活動の流れや手順を理解する

→ ❸（45分）
チョウの形の台紙の半分に紙を貼り、インクをつけ、バレンで写すと反対側に写ることを繰り返し試しながら、気に入った感じになるように工夫して表す

→ ❹（20分）
黒板や教室の壁などに飾り、見て楽しむ

❗ ❸の中でいくつもつくるなど繰り返す

この題材で大切にしたいこと

○紙で凹凸をつくりローラーでインクをつけると、別の紙に模様やイメージを写し取ることができる技法を「紙版画」ということを知り、方法を理解すること。
○できあがるチョウの羽の模様をイメージしながら、片方の羽を版面、もう片方の羽を印刷面として、紙の切り方や貼り方を工夫して版として表すこと。
○チョウの羽の模様を紙版画で表す活動を楽しみ、自分の気に入った感じになるように表し方を繰り返し試すこと。

評価のポイント

　低学年の紙版画の技法を生かした学習です。低学年ですから、版画の「写す」という楽しさを味わうことをまずは大切にします。同時に、版をつくる、インクをつける、刷るという一連の活動を自分の力でできるようにしていきましょう。反対側の羽に写る羽の模様を自分なりに考えて、紙の貼り方を工夫して表そうとする姿を引き出しましょう。

材料準備のポイント

8つ切りの画用紙を「チョウ」の形に切らせますが、最初は手本がないとうまくいきません。各グループに右のような型紙を配布して、それを画用紙に写し、切らせるようにします。

道具の使い方のポイント

版画の用具指導や準備は手間がかかります。なるべく機能的な場の設定が大切です。私は「インクスペース」を教室内に設けています。

インクの量は、トレーの上でインクをローラーで転がす時に「チリチリ」とインクが少し粘る音がする感じです。「カサカサ」や「ベトベト」になったら、低学年では教師が調整をする必要があります。子どもの机は「版をつくること」と「刷ること」の場所にします。活動別に場所を決めることで、子どもも混乱が少なく活動的になります。

授業のポイント

導入ではチョウの図鑑や画像を見せ、その模様の美しさや特徴についてみんなで話します。「右と左の模様が同じだよ！」という造形的な特徴に気づく子どもがいるでしょう。

次に教師が一連の活動をやってみせます。「羽の片方が版面で、反対の羽に写し取る」という仕組みを理解させます。しかし一度では完全に理解できない子どももいますから、まずは学習のイメージをつかませる感じです。そして、活動の場面ごとに詳しく方法や技能を指導します。

版づくりの段階では、「写したらどうなるだろうね」と声かけをして、できあがりを予想する思考が子どもの中に起こるように促します。

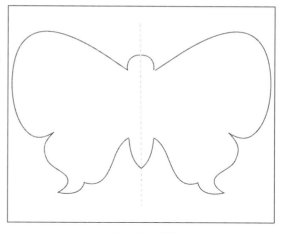

お手本用の型紙

共同インクスペース　　机の上は版づくりと刷る場所

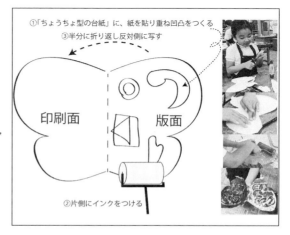

（笠）

⑪ 虹色の花

【絵】 【中学年】 🕐 標準実施時間　45分×2時間

■材料
32切り厚口画用紙

■道具
絵の具セット一式／水

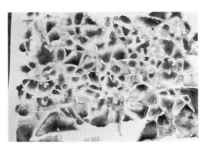

水がかわかないうちがきれいだね

授業の流れ

❶（10分）
種，土，芽，双葉，本葉，蕾と，自分で決めた7色で花を描く

→ ❷（10分）
花は絵の具で着彩。白いクレヨンで幾何学的な形などを組み合わせて描く

→ ❸（60分）
先にたっぷりの水を敷き，少しずつ絵の具をさし，虹色の花をつくる

→ ❹（10分）
互いの虹色の花を鑑賞する

この題材で大切にしたいこと

○絵の具の「にじみ」「たらしこみ」のよさに気づき，自分の色をつくり出すことができる。
○水の上に絵の具を「おく」感覚のよさを味わいながら絵をつくることを通し，道具や方法に対する見方・考え方を豊かに発想・構想につなげる。
○気づきをもとに，色の組み合わせや濃淡，形等を考え，仲間のよさを感じ取りながら自分なりに探求していく。

評価のポイント

　水彩画ならではの美しさや，その儚さまで感じさせます。水を先に敷くことで絵の具の新しい力を発揮することの発見から始まる展開にしました。画用紙に水を敷き，水に溶けだす絵の具の広がる様子を掴みます。絵の具に水を足していくものとの子どもたちの認識を揺さぶり，新しい技能の定着を図ります。「水の中を絵の具が走る感覚を見つけなさい」の指示で進めます。色の組み合わせや鮮やかさ，水の量が適度であることをみとります。

材料準備・道具の使い方のポイント

水彩画指導は初等教育においては，クレヨンやカラーペン等と同様，子どもたちの創造性を培う最適の道具のひとつであり材料といえます。アクリルや油と違い，チューブから出したままだと紙に定着しづらく，乾きにくい性質があります。授業では，水を効果的に使うことで，最大限に絵の具の色合いの美しさを子どもたちに味わわせたいものです。それが一番わかるのが，「にじみ」「たらしこみ」の技法指導です。

白いクレヨンで描いた線にそっと水をおかせてみます。水はクレヨンの油をはじき，表面張力で膨らみ，線の軌跡に応じた様々な形を醸し出します。そこに筆でそっと絵の具をおくよう指導します。「じわっ」と広がる色の流れに子どもたちは大喜び。「『ぬる』というより『おく』という感じを大切にしなさい」と声かけします。パレットで必要以上に絵の具を混ぜたり，筆を乱暴に動かしたりしないことを明確に指示します。

絵の具はそっと置く感じ。濃さによっても変わります

白いクレヨンで描く意味も，子どもたちに気づかせます

授業のポイント

絵の具の濃さや量，水の量，また混ざり具合により，色合いは微妙に変わります。絵が出来立ての頃の方が，水が周りの光を取り込み作品が鮮やかに映えます。時間とともに変化し，その瞬間の輝きの刹那さも感じさせます。撮影しておいた出来立ての頃の作品の写真と比較し，その出来栄えから逆算して取り組む子どもたちも出てきます。その繰り返しが確かな技能の習得につながります。

天気のいい日だと，画用紙の上に表面張力で丸くなるほど水を多めに乗せ光を透かすと，その中を絵の具が走る様子が見られます。

並べてみんなで鑑賞

（仲嶺）

⑫ 透明感を考えよう

絵　中学年　⏲ 標準実施時間　45分×2時間

■材料
16切り画用紙
■道具
水彩絵の具道具一式／ガラス製花瓶など

透明ってどう描くのかな？

授業の流れ

❶（20分）
透明感というテーマで描くとすれば，どのような視点が有効か仲間とともに探る
→
❷（30分）
仲間との交流から，自分なりに感じ取った透明感の表し方を試す
→
❸（30分）
互いにつくりだした透明感のよさを味わい，取り入れる
→
❹（10分）
互いの成果を鑑賞する

この題材で大切にしたいこと

○見えているようで見えていないものに気づき，その形を捉える表し方を考える。
○目の前の花瓶の形や色などを見て，仲間とのやり取りから自分なりの答えを探す。そのことで絵を通した自分の「問い」の解決につなげる。
○活動を通して，子どもたちが，自分も「気づくことができた」「描くことができた」との喜びにつなげる。仲間と「見え方」を探り合うよさを楽しむ。

評価のポイント

　透明なガラス花瓶を描くにはどう考えればよいか。互いに対象と向き合う中，気づいたことやその可能性を出し合う姿をみとります。仲間と同じものを見て，気づいたことを形と色で出し合います。作品の工夫をを互いに見合うことから，仲間が気づいたよさを自分の作品に生かしていく姿をみとり，全体に広げます。見た形をしっかりととらえる活動なので，彩色は補助的に薄めにします。

授業のポイント

絵を「描かない」・「描けない」と感じている子どもたちは，描く視点をもてていないだけだと感じます。仲間と形や色などをもとに議論し合う中，その視点を獲得させる授業です。

「『透明』を表すにはどうしたらいいかな。何も描かなければいいのかな」の教師の発問から，「『水色』を使えばいいんじゃないか」「光が映っているところが『白』く見えるよ」と，直観で子どもたちが意見を交わしました。透明な花瓶を前に声は続きます。「花瓶の向こう側には○○ちゃんが見えるよ」「僕からは黒板が見えるな」と，互いに見えていて，実は見えてなかったものに気づきます。

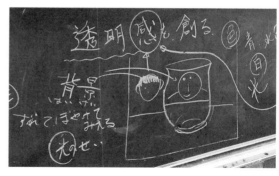

子どもたちのやりとり（板書）

「じゃあこの花瓶の向こうに見えるお友だちを描いてごらんなさい」と子どもに教師が描いた黒板の花瓶の向こうに透けて見える友だちを簡単に描いてみるよう促します。今度は透けて見える友だちの手前の机の端の線をどう描くか議論になりました。「ちょっと待って。花瓶の中と外は線がズレて見えるよ」と，ある子が仲間の描いた黒板の線をさらに修正します。（写真上）「ホントだ。机の線はずれて見えるよ」「屈折って聞いたことあるよ」

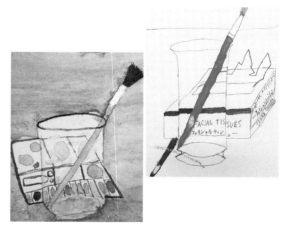

児童作品

子どもたちが見出した解決法は以下２点。
①ガラスの向こうの景色を描く
②ガラスの向こうは，線やものが実際とはずれて見える

花瓶から見える線をずらして描く活動は，子どもたちには新しい気づき。結果，奥行き感が広がり，ティッシュの影等，描きたいモチーフが増えていきます。描くことは見ること，発見することであること，その楽しさに気づきました。

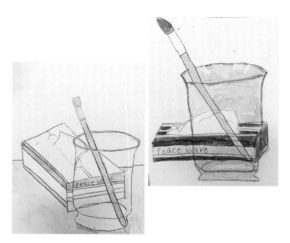

児童作品

（仲嶺）

⑬ 春ぶち

絵 　中学年　　🕐 標準実施時間　45分×4時間

■材料
B4程度の片面白ダンボール（1枚70円ほど）／画用紙

■道具
絵の具／オイルパステル／デジカメ（用意が可能であれば）

春に似合う額ぶちだね!!

授業の流れ

❶ (15分) → ❷ (20分) → ❸ (10分) → ❹ (45分) → ❺ (30分) → ❻ (60分)

❶ ダンボールをカッターで「額」として切り抜く

❷ 屋外で春の景色を切り取るように「見る」

❸ 教室へ戻り、春の「色」「雰囲気」「におい」を自分なりの言葉で書く

❹ ❸などをもとに「春に似合う額ぶち」になるように色をぬったり、模様を描く

❺ 額ぶちと画用紙を持ち、屋外で春の景色を切り取って描いたり、写真を撮ったりする

❻ 写真を貼ったりして、❺をさらに一人一人の表し方で表す

この題材で大切にしたいこと

○額（フレーム）を使い対象を切り取って「見る」ことで、いろいろな気づきや感じ方ができることを理解すること。

○春の風景や花に似合う「額ぶち（フレーム）」の色や模様を考え、その額ぶちの中に自分なりに感じた春のよさや美しさを、色や描き方を工夫して絵に表すこと。

○景色や花を描いたり写真を撮ったりすることを通して、季節の変化や美しさを感じること。

評価のポイント

　春の風景や花を描いたり、写真を撮ったりすることを通して、季節の変化や美しさを感じる感性を培う題材です。季節に目を向けること、それを絵に描くことを楽しむ姿を大切にしましょう。感じたことや気づいたことを簡単な言葉にする活動は、高学年の学びとして大切です。そうした気づきを手がかりに、色や模様を考えて「春に似合う額ぶち」をつくります。その額ぶちで眺める春の景色は、再び違った見え方を子どもから引き出します。そこから発想を広げ、額ぶちの中に絵で表しますが、撮影した写真を切り抜いて使ったり、屋外で見ながら描いたりする、一人一人の活動の方法、表し方を認めましょう。

材料準備のポイント

白いダンボールが望ましいですが，なければ茶色の段ボールでも可能です。

道具の使い方のポイント

カッターで額ぶち状に切る際，安全に留意します。定規を当ててまっすぐに，一度に切るのではなく，何度かなぞるように切ります。

授業のポイント

絵を描く題材，特にイメージを引き出す指導は難しいと思います。それは子どもに「なぜ描くのか」というモチベーションをもたせにくいからです。本題材では，今自分たちを包む「季節」を感じること，美しさに気づくことをそのモチベーションにしたいと考えました。しかし「さあ，春を描きましょう」では唐突すぎます。ここでは「額ぶち（フレーム）」づくりから入り，徐々に季節に触れていくようにしました。

①額ぶちをつくろう。（写真1）
②額ぶちを通して春をみてみよう！（写真1）
③春の「色」「雰囲気」「におい」は？（写真1）
④春の風景に似合うように額縁に色や模様をつけよう。（写真2）
⑤自分の「春ぶち」を持って，再び春を見にいこう。すごく合う風景などをデジタルカメラで撮影しよう。（写真2）
⑥「春ぶち」にふさわしい，自分だけの春の絵を工夫して描いてみよう！（写真3）

額ぶちを通して季節に十分触れ合うことができれば，絵の表し方や描く場所は子どもたちに委ねましょう。

「どんな感じの春を描きたいの？」
と声をかけ，ともに春を味わいましょう。

写真1

写真2

写真3

（笠）

⑭ お気に入りの風景

絵　高学年　🕐 標準実施時間　45分×6時間

■材料
画用紙（16切り・8つ切り）／水彩絵の具／パステル

■道具
iPadなどのタブレットPC（クラスに数台）／アプリ「Cartoon Camera」（Fingersoft）／水彩セット／画板

Cartoon Cameraのスケッチモードで変換した風景は，奥行き感が強く表れ，子どもの興味を引く

授業の流れ

❶（5分）
学校の風景を描いた絵や個性的な色で描かれた芸術作品を鑑賞する

→ ❷（15分）
アプリで奥行きのある風景探し遊びをする

→ ❸（230分）
自分の思い出や遠近感のある風景などから書きたい場所を決めて描く

→ ❹（20分）
選んだ場所や色のぬり方について語り，絵に込めた思いを紹介し合う

❗ ❷❸基本的に屋外で描くが，天候や蚊の対策から，写真を参考にすることも併用した

この題材で大切にしたいこと

○高学年では，遠近感や奥行きを意識した絵に興味を示します。ここでは，タブレットPCの写真アプリのスケッチモードで撮影してみるという行為から，奥行きのある構図をとらえます。

○選ぶ場所で遠近感や奥行きが違うことに気づき，構図を選ぶ際の判断をします。赤や青などの主張色を決めて心の色で描いたり，リアルな色に心をこめて描いたりと彩色を工夫します。小さい画用紙で，2か所ほどスケッチして検討すると，思考力・判断力が発揮されます。

○学校の「場所」に込められた思いこそが大切な絵の要素です。「1年生の時に6年生と遊んだ場所だよ」「いつもそうじした場所だよ」と，友だちに語れる絵をめざします。

評価のポイント

　遠近感や奥行きのある構図を選べたか，心情的に思いを込めた場所を選べたかが大切になります。16切り画用紙など，小さな画用紙の作品で十分です。1か所描いては友だちと見せ合い，よく考えてもう1か所描いて見ることで，工夫の視点がみとれます。気に入った方の下絵にオーソドックスな彩色方法で色をつけるのもよいのですが，フォービズム風の色彩表現に触れさせることで「心の色」で描くことに挑戦させることもひとつの指導方法です。構図，彩色方法，心情などを総合的にみとります。

材料準備のポイント

・学校という場所こそが最大の素材です。子どもの思いを掘り起こし，見た目だけではない思いも込めた絵を描かせたいです。
・Cartoonなどのスケッチモードで撮ることで，構図選びが楽しく興味深い活動に変わります。類似アプリはたくさんあるので，多くの機種で活用できるでしょう。
・4つ切り画用紙では変更がきかないことも，小さい画用紙なら2枚目を描く時に気づきをもとに変更できます。

落羽松広場が見下ろせる階段は人気スポット

授業のポイント

・彩色では，見たままの色を画用紙に再現するだけではなく，「春の学校にしたい」「温かい思い出の色で描きたい」「夜の学校にしたい」なども素敵です。再現だけではなく創作という意識をもたせることで「色で失敗」は減ります。
・授業の導入では，フォービズム（インターネットでも検索できます）などの心象的な色合いの絵も見せることで，彩色への意識や意欲にもつながります。

黄色い地面や机，赤い道。自分の感覚で色をぬった

道具の使い方のポイント

・画用紙が小さいので，カッターマットや紙ばさみと洗濯バサミでの即席画板が便利です。
・パステルやチョークは，乾いた絵の具の上からぼかしや影をつけるのに効果的。指やティッシュで押さえるように重ねます。水彩色鉛筆があれば細部の補筆に効果的です。
・「見取り枠」を画用紙でつくれば，タブレットPCがなくても構図に興味が増します。（●内寸法…75×98㎜●外寸法…115×140㎜）

斜めの線に奥行きを感じて選んだ構図

（北川）

15 刷りから版画

絵　　高学年　　🕐 標準実施時間　45分×6〜8時間

■材料
前年度の版画作品（版木）／版画用の板／版画和紙・普通紙／水性版画インク

■道具
彫刻刀／ローラー／ねり板／バレン

※

彫る前に刷りの体験と鑑賞をすると，版画製作への意気込みが変わる

授業の流れ

❶（45分）昨年度の版木などを借りて刷ってみる。刷りの方法を知り美しい刷りをめざす
→ ❷（45分）彫刻刀の扱い方を知り，試し彫りや試し刷りをする
→ ❸（165〜255分）試してわかったことをもとに，自分なりの図案で木版画を製作する
→ ❹（15分）題名をつけて掲示し，作品を相互に見合う

❗ ❸特定の木版画の製作方法を示すページではありません。製作の詳細は指導者の判断で行ってください
※題材の詳細がＨＰから見られます　http://www.geocities.jp/zoukeinakama/yumeiro.pdf

この題材で大切にしたいこと

○刷りの体験を先に行うことで，刷りの効果的な技能を身につけながら鑑賞できます。刷りまでの工程を念頭に置いて自分の作品の彫りをすることで，仕上がりを見通した彫りの技能が育ちます。

○主版（おもはん）を黒にした場合でも，ローラー等で下に色を重ねておくと作品の印象が変わります。刷りと彫りを双方向に捉えながら「版画」というものを学ぶことができます。

○授業のねらいは，教師の指導する版画の内容によって変わってきます。地域に伝わる伝統的な彫りを中心にすれば，文化の伝承や技能の習得が中心になるでしょう。本ページでは，初めて木版画を体験する子どもたちが線彫りなどの方法を工夫しながら，試して，みつけて，考える学びの姿勢を発揮することを学習の中心にして紹介します。

評価のポイント

　木版にインクを載せて刷ると版画になることや，刷り方で美しさに違いがあることの気づきがスタートになります。鑑賞をきっかけに，自分が木版画をつくる時にどうしたらよいか工夫しようという姿勢を大切にみとります。そこに自発的な技能面の工夫が関連するからです。

材料準備のポイント

- 木版画の版木を集めておきます。例えば，上の学年から昨年の版木を借りるとよいです。インクの量や刷り方を工夫して刷りながら，彫りの特徴にも目が向きます。
- 黒インクだけで刷るなら，裏彩色ができる版画和紙に刷り，裏から絵の具や染料を染みさせるカラー版画が手軽で美しいです。
- はがきサイズの板を2～3枚与えました。大きな板を与えるより安価ですし，子どもの試行活動を保証できます。

小さい版木で，試しながら考える

道具の使い方のポイント

- 「行きは自動車，帰りは飛行機」のように，一方通行のローラーの動きを徹底します。
- 彫刻刀は，まず三角刀と丸刀・小丸刀から始めます。薄墨を塗った版木と彫刻刀を持った手元をカメラでテレビに大きく映しながら安全で美しい彫り方を実演します。
- 100円均一などで買える滑り止めマットを板の大きさに切って敷くと，滑り止め効果と共に板を回して彫りやすくて便利です。

重ね刷り用に下刷りしたものを，目につく場所に乾かしておく

授業のポイント

- ひもを張って，刷った版画を下げておくと，重ね刷りなどの意欲化が図れます。鑑賞しながら活動するということです。
- 本活動では，小さな版をA4サイズの普通紙に刷りました。下地に違う色を刷っておいて重ね刷りをしたり，余白に色をつけたりしました。
- 作品を8つ切り色画用紙に貼りました。右の写真は，どの色の台紙が合うかを，鑑賞能力を発揮しながら選んでいるところです。

どの色の台紙が合うか，鑑賞能力を発揮しながら選ぶ

(北川)

16 墨でアート

絵　高学年　標準実施時間　45分×2〜4時間

■材料
彩色版画和紙か半紙／墨・墨液／
（凧絵の具などの染料）

■道具
習字用具一式／スポンジ／わりばし／
歯ブラシ／刷毛／アルミホイル／ダンボールなど

参考作品の比較から導入し，表現を広げる

授業の流れ

❶（5分）参考作品から色の濃淡や線の太さの違いなどに気づく → ❷（15分）小さい紙で墨の表現を試す → ❸（5分）自分たちの工夫を言語化して技の名前をつけるなどして確かめ合う → ❹（55〜145分）技を組み合わせて自分なりの表現をめざす → ❺（10分）お互いの作品を見合い，工夫や思いを紹介し合う

❹枠をつける活動は乾燥後が望ましい（枠をつけるのは4時間扱いの場合）

この題材で大切にしたいこと

○筆や筆以外の用具で，墨の濃淡や水分量，描き方などを変えることで多様な表現が生まれることを知り，「和」の文化に親しみながら表現を工夫・追求します。

○黒だと思い込んでいた墨の色が，濃淡や光の加減，筆勢の加減などで微妙な違いを示すことに気づいたり，用具や技法の組み合わせで新しい表現が生まれることを試行したりします。

○牛や竜を描くという水墨画の模写的な活動ではなく，自ら発見・体感した表現方法を生かし，友だちと情報交換をしながら学ぶ意思や意欲を大切に育みます。

評価のポイント

　はじめは，上の写真のような参考作品から「濃い・淡い」「太い・細い」の違いにしか気づかなかった子どもたちが，自分たちの様々な試行活動の中から「描く道具で線や点が変わる」「スピードやかすれ具合で変わる」「たらす（たらす高さや速さでの変化）」「にじませる（水でにじむ模様での変化）」などの多様な変化に気づき，言語化できるようになります。それらの知識・技能を組み合わせて自分なりの思考力・判断力などを働かせている様子をみとります。

材料準備のポイント

- 習字の半紙でもよいのですが，彩色版画和紙というドーサ引き（にじみ止め）されていない版画和紙が使いやすいと思います。
- 4つ切り，8つ切り，16切りなど，試しやすいように小さく切った紙を用意します。
- スポンジをちぎったものは，さまざまに使えます。ダンボール片，歯ブラシ，わりばし，ストロー，アルミホイルを丸めたもの，刷毛，筆，こわれたほうきでつくった筆，霧吹きなどがあるとよいでしょう。

筆以外の用具は，子どもの知的好奇心をくすぐる

道具の使い方のポイント

- すずりで墨を磨ると，淡い墨の色が調整しやすいです。
- 「洗濯で落ちる墨液」は，墨ではないので水色のにじみが発生します。ここから派生して，凧染料などの透明感のある和風な色を加えることも，本題材にマッチする活動です。水性ペンのインクも使えます。
- スポンジやダンボール片は，特太の筆にも，スタンプにもなり便利です。これらは子どもが見つける工夫なので教えません。

小さい紙で試して，重ねて，新しい紙でまた試して…

授業のポイント

- 墨は，乾くと色が淡くなります。また，乾いた上から墨を重ねると，にじみ合わずに線が重なります。置き場がないからと乾燥棚に入れてしまうと，そのような工夫に気づけなくなってしまうので，つり下げたり床に並べたりして目につくようにしておきましょう。
- 画用紙で枠をつけるなど，作品らしくして題名も工夫しましょう。

児童作品「カラフルおたまじゃくし（部分）」

（北川）

⑰ わたしのレモンはどのレモン？

絵 **高学年** 🕐 標準実施時間　45分×1〜2時間

■材料
レモン各グループに3〜4個／
16切り画用紙

■道具
鉛筆（B〜2Bなどの濃いものが望ましい）

レモンはどーれだ？　これでしょ！

思わず見て描きたくなる!!

授業の流れ

❶（5分） → **❷（10分）** → **❸（20分）** → **❹（10分）**

❶ スクリーンに映し出された映像を使っての「みるクイズ」の活動をする

❷ ぼやけたレモンの画像を描くにはどうしたらよいかを考えて試しながら描き，鉛筆を寝かせて描くなどの描き方を理解する

❸ 「みるクイズ」で理解した鉛筆の使い方などを自分なりに使いながら，数個から自分が選んだレモンを友だちに伝わることを目指して描く

❹ どのレモンを描いたのかを当て合うゲームをする

❗ 2時間で行う場合は，グループを変えて❸〜❹を繰り返す

この題材で大切にしたいこと

○対象を鉛筆で描くために，鉛筆を寝かせて描いたり，線を重ねて描いたりする方法があることを知ること。
○友だちに「どのレモンを描いたか」が伝わるように，鉛筆の使い方を自分なりに工夫して表すこと。
○どのレモンを描いたのかを友だちと当て合う活動を楽しむことができること。

評価のポイント

　中学校へとつながる「見て描く力」の素地を培う高学年の題材です。上手に描くことよりも「見て描く楽しさ」を味わわせることが最大のねらいです。そのために当てっこゲームの要素を取り入れました。友だちに選んだレモンを伝えるために描くことを楽しむ姿，どれを描いたのかを当て合うゲームを通して友だちと楽しくかかわる姿を大切します。その中で，対象をよく見ること，対象の特徴を表すために鉛筆の使い方を工夫しようとする姿をみとりましょう。

材料準備のポイント

レモンは4〜6人グループに3つ程度用意します。形にばらつきがあった方がよいでしょう。

道具の使い方のポイント

鉛筆はB以上の濃いものが望ましいですが、HBなどでも構いません。

授業のポイント

この題材は導入が肝です。まず、紙と鉛筆を配っておきます。次に、スクリーンなどを使って「ピンボケのレモン」を提示します。
T「これはなんでしょう？」
子どもの「よく見る」を引き出します。
C「ボール！ オレンジ！ レモンでしょ！」
影があること（球体）や、両端の出っぱり（レモン特有の形）など、造形的な特徴の気づきへつながる発言を拾います。
T「いろいろな気づきが出ました。では、言葉で説明するのではなくて、絵で表してみて下さい。影はこんな感じだよ、形はこんな特徴があるよ、という自分なりの捉え方を、ピンボケの写真をよくみながら描いてみましょう」
「どんな描き方ができたかな？ コツはある？」
「影を鉛筆で塗るように描いてみた」
子どもの試したことを共有し、その後に鉛筆を寝かせる使い方と線を重ねる使い方があることを伝えますが、この後の活動の中で活用するかどうかは子ども自身で決めることが大切です。
次に、レモンをグループに数個配ります。自分が描きたいレモンを心の中で決めさせます。
「友だちに当ててもらえるよう描いてみよう！」
描き終わったら、当てっこゲームをします。見て描く楽しさを子どもたちに味わわせましょう！

T：これはなんでしょう？
C：ボール！レモン！
T：球なの？なんで？
C：だって影がある。

C：やっぱりレモンだよ両端の出っぱりがある！
T：え？どれ？どのへん？じゃあ、言葉ではなくてスクリーンをみたまま描いて絵で伝えられる？

だから、丸くて、影があって、出っぱりがあって‥

レモンゲット！

どのレモンを描こうかな？

友だちに気づくかれないようによくみて。　影はねかせて描いたよ

僕の描いたレモンはどーれだ？！

これでしょ！

やったー！当ててもらえたよ！

（笠）

カップ転がしたら見えて来たよ！

工作 **低学年** 🕐 標準実施時間　45分×2時間

■材料
プラスチックカップ(大・口径12cm高さ10cm)/画用紙片
■道具
カラーペン/クレヨン/セロハンテープなど

おにぎりと一緒に転がっちゃった

授業の流れ

❶（5分）→ ❷（10分）→ ❸（30分）→ ❹（45分）

❶ プラスチックカップの内側やふち等の箇所に，小さく切った画用紙を貼りつける

❷ そのカップを机や床の上で転がした時に見える動きから，自分なりの快い形をつくり出す

❸ 紙の小片のユーモラスな動きから，生き物など具体的なものが回転する面白さを見つける

❹ 試す中で自分なりの心地よさを発見し，仲間に動きや見え方を提案する姿につなげる

この題材で大切にしたいこと

○カップを転がすことで貼りつけた紙の小片の見え方が変わることに気づき，紙の形，貼る位置，貼り方，色合いなどの様々なやり方を試し，動きの面白さをつかむことができる。
○貼りつけた画用紙の小片の様々な動きから発想・構想し，見える形の動きを工夫し自分のイメージをつくり出すことができる。
○仲間とアイデアを交換しながら，新しい動きや見え方を見出していこうとする。

評価のポイント

　カップを転がす条件のために動きが加わり，アイデアは広がります。紙を貼る場所や貼り方によって変わる見え方の違いの面白さ，また色が加わることでその色合いのよさ，回転することに伴う形と色の変化の面白さなど，気づいたことから様々試してみるよう促します。仲間とかかわり合う中，カップを転がす条件を，より生かした形や色合いを追求する姿をみとります。

材料準備のポイント

やり直しが利き扱いやすい材料設定としました。また，使う材料は様々試してみるとよいかと思います。実践では，アイデアそのものがはっきり出るようにシンプルに紙だけとしました。

授業のポイント

以下のような導入で，子どもたちの意欲を高める手立てとしました。

「画用紙を例えばこのような形に切ってカップの内側に貼りつけます。カップを転がしたらどんなふうに見えるかな」

意外な動きやユーモラスな動きに，子どもたちの創造的な反応が出てくると思います。実践では，子どもたちとの約束は下記の2つです。
①カップを必ず転がすことでつくる
②画用紙を貼りつけ，その動きから考える

下記が期待したい子どもたちの姿です。
・「追いかけっこをしているようだね」
・「カップの中と外，底につけた紙はそれぞれ動き方が変わるぞ」
・「あれ，セロハンテープで止めない紙はカップが回転するとひょこひょこ動くぞ」

実践では，固定しない紙をカップに入れると，その大きさによってユニークな動きが伴うことを子どもたちが発見しました。回転する動きが様々な作品のアイデアに広がりました。(写真中) また，天気がよかったこともあり，光がカップを通って魚がテーブルに映ります。(写真下)。透明なカップのよさのひとつでしょう。子どもたちの発見から，また違う題材への発展が考えられました。子どもたちが色々考える中，教師もアイデアが膨らみます。

色々な形やつけ方を試し，動きを考える

スキー，ちり取りなど発想が豊かに。
ユニークな動きはまさに！

2匹のお魚が行ったり来たり

(仲嶺)

19 ふわふわゴーゴー

工作 **低学年** 🕒 標準実施時間　45分×2時間

■材料
スチレン皿／色画用紙・折り紙／シール・モールなど装飾に使えるもの／（たこ糸）

■道具
うちわ／はさみ／木工用接着剤

うちわであおぐと，ピョコピョコ，スーッ！

授業の流れ

❶（5分）教師の簡単な試作品を見て活動の内容を知り，意欲を高める
→ ❷（10分）材料をうちわであおいで，動きの様子を確かめる
→ ❸（60分）動きの特徴から見立てたものを，軽い紙などの材料で加飾する
→ ❹（15分）風の当て方を工夫して，作品を動かして遊ぶ

❗ ❸❹つくることと動かして確かめることを行き来できるような場所を用意しておくとよい

この題材で大切にしたいこと

○風の力や摩擦の低い構造などの要素が働くことで風で動く楽しいおもちゃづくりができることを知り，装飾のおもしろさや重さとのバランスなどを試しながら活動します。

○容器を風で動かす加減によって動きの特徴が出たり，動きの特徴から動物や乗り物などのテーマを思いついたりします。思いついたテーマに沿った装飾をめざし，試しながら装飾を工夫します。

○うちわであおぎながら，競争，協働などを通して友だちとわかり合いながら楽しいおもちゃづくりを行い，つくったもので仲よく遊びます。

評価のポイント

　風で動く特徴を生かしたおもちゃをつくります。装飾がよくても，風で動かないようではよくありません。うちわの使い方ではねるように動いたり，すべるように動いたりする動きの特徴を生かして発想してつくるのですから，「試す」→「つくる」→「試す」→「つくる」という過程を大切にします。そこで働く思考・判断・表現力をみとります。友だちと共に動かして遊びながら，「そうだ！」と言って手直しするような改善への意欲も大切に評価しましょう。

材料準備のポイント

- 食品用のスチレン皿をはさみで切ってあおぐと、ふわふわすべるように進みます。家庭から集めるといろいろな形が集まります。
- スチレン皿を切ったところから風が入って動きますが、うちわのあおぎ方によっては切らないままでも動きますし、上下を逆さまにしても動きます。「スチレン皿＋うちわの風→おもしろい動き」までが本題材の材料です。動きのバリエーションを探りながら試し遊びをたくさんさせましょう。

切り口側から空気を入れる「基本形」

道具の使い方のポイント

- はさみで簡単に切れる材料です。
- 木工用接着剤、セロハンテープ、両面テープなどで飾りの色画用紙を貼ります。
- 糸などで２つをつなぐと、動きのバリエーションが変わり、お話が生まれます。
- 上の写真のように尾をつけると、凧揚げのしっぽのような安定効果があります。
- うちわは、焼き魚をあぶるようなリズムだとおもちゃがよく動きます。強い風で一回転という動きも発想をかきたてます。

リズムよく連続であおいだり、強くあおいでひっくり返したり

授業のポイント

- 右の写真のように、紙だけでも風を受けやすくすればよく動きます。
- 高さのある飾りはなかなか出にくいので、垂直方向に立たせる方法も紹介すると表現の幅が広がるでしょう。
- 広い床でも楽しいのですが、壁ぎわに机やいすで細長いコースをつくったり、細長いろうかで動かすと方向性が定まって遊びやすく、かつ相互鑑賞しやすくなります。

紙だけでも風を受けやすくすればよく動く

（北川）

⑳ パラレルワールド

[工作] [中学年] 標準実施時間　45分×2時間

■材料
16切り画用紙

■道具
クレヨン／水彩カラーペン／はさみ／
カッターナイフなど

画用紙を開いていくとお話が続きます

授業の流れ

❶（10分）
画用紙を，折りたたんだ形を開閉することから表裏12面に何を表現するのか構想を深める

→ ❷（20分）
家の扉から始まることをきっかけとし，紙を次々開くことでつくる

→ ❸（40分）
紙を切り離さない条件から，切り起こし・折り曲げ・裏表の表現など様々模索する

→ ❹（20分）
「パラレルワールド」のイメージから，自分なりの旅，想像の世界など発想・構想を深める

この題材で大切にしたいこと

○16切り画用紙を折り曲げて6等分し，ばらばらにならないようはさみを入れ，折りたたんだ形を開くことでつくる。はさみやカッターなどを使い，紙を切り離さないことを条件に仕組みなどを考えることができる。

○上記の仕組みをもとに，「パラレルワールド」の題材名から発想・構想し，自分なりのテーマを少しずつ構築していく。

○紙の使い方や展開，テーマなど，仲間に寄り添ったりヒントをもらったりし合うことで，自分の世界をさらに広げていく。

評価のポイント

　画用紙をうまく使えば裏表12面の四角い面が絵の展開に使える仕組みです。紙の折り方，曲げ方，起こし方など，試行錯誤を重ねるうちに子どもからアイデアが様々生まれます。仲間とアイデアを交換しながら，自分なりの表現を高めようとする姿をみとりましょう。

材料準備・道具の使い方のポイント

　紙は描く・折る・曲げる・丸めるなど加工しやすく，初等教育における子どもたちの発達に最適な素材です。ここでは切り込みを入れ，折りたたんだ紙をステージとし，様々工夫を施すことで，自分なりのテーマを発想・構想につなげる子どもの姿に寄り添う手立てとしました。

　活動が進むにつれ，子どもたちはより繊細な表現へとつながることが予想されます。はさみからカッターへと子どもたちの道具もシフトしていくでしょう。ここでもカッターの基本は徹底するよう声かけしていきましょう。鉛筆持ちの細やかさを活かす表現をどんどんほめていくとよいかと思います。

仕組みの画用紙と最初の入口
（例を見せ，きっかけとします）

授業のポイント

　最初の仕組みが子どもたちの発想・構想を誘う大切なステージとなります。導入では下記のような声かけで，仕組みの構造から可能性を広げる手立てとしました。

　「まずこんな風に画用紙を折り曲げていきます。3つ折りにするところはていねいに……。広げると四角い形が6つになりました」

　「ばらばらにならないように例えばこのように切り込みを入れますよ」（写真上）

　「折りたたむと小さくまとまります。いろいろなたたみ方が考えられますね」

　実践では，教師が切り込みを入れて紙を折り曲げ，ドアや屋根の形をつくって見せたところから始めさせました。切ったり折り曲げたりなどの簡単な表現方法を見せ，入口を共通としました。

紙を開くたび天井が変わり新しいアイデアが

友だちの作品の工夫が見たくなります

（仲嶺）

㉑ お花紙でうちわ

工作 **中学年** 🕐 標準実施時間　45分×2時間

■材料
うちわの骨／お花紙／ＰＶＡ洗濯のり
■道具
ビニールを貼った板／タオル／はさみ

お花紙だけでできる簡単うちわ

授業の流れ

❶（10分）　はさみで切る，ちぎるを組み合わせるなど，お花紙でつくりたいうちわの模様を考える
→ ❷（10分）　ビニールやお花紙を用意する
→ ❸（70分）　風を起こさないように静かにうちわをつくり，のり水をたらしてタオルで押さえる
→ ❹（課外）　乾燥したうちわをはがして周囲を切り，あおぎながら鑑賞する

❗ ❷ビニールは自分で板に貼らせた方が，材料やのり水がはみ出ないように意識できる

この題材で大切にしたいこと

○お花紙をちぎったやわらかい線やはさみで切った明確な線と，お花紙本来の淡い色彩の特徴などを組み合わせて，夏を涼しく過ごすうちわの模様を考えます。

○色のイメージや形のイメージなどを，お花紙を組み合わせて操作しながら自己決定する場面が生じます。うちわの表と裏の組み合わせを対比的にするなど，思考力・判断力を育みます。

○使って楽しむものをつくる活動は，使うたびに繰り返し鑑賞することを意味します。心を休めて涼を味わう風情を意識する豊かな人間性を培いたいものです。

評価のポイント

　お花紙の紙目に沿ってまっすぐに裂いた線の素朴さや，折って重ねて切った意図的で明確な線のシャープさに加え，重ねて光に透かした時の効果などを意識しながら材料を重ね，できあがりを頭の中で想像しながら手を働かせます。のりをたらす直前までの計画的な作業や，偶然からの気づきを取り入れた柔軟な思考は，双方向に関連し合う重要な評価ポイントです。

材料準備のポイント

- プラスチック板や画板の上にテープでビニールを貼ったものが作業板になります。ビニールの方が，最後にはがす時に簡単です。
- 折って切って広げた模様や，手でちぎった模様などを用意します。
- うちわの骨は，広告つきのうちわなどを水に数分浸してはがしたもので十分です。
- ＰＶＡ洗濯のりと水を１：２で混ぜ，３倍に希釈しておきます。ペットボトルのふたに穴をあけ，のり水をたらして使います。

うちわの骨，折って切ったお花紙の模様，プラ板

道具の使い方のポイント

- うちわの表をつくります。ベースとなるお花紙を骨の上に１枚敷き，飾りを重ねます。エアコンの風や息でも動いてしまうので慎重に。これでよし，と決めたら，のり水を少したらして飾りが動かないようにします。
- せーの，でひっくり返します。裏面も表面と同じようにつくります。最後に，全体が潤う程度にのり水をたらします。タオルで押さえて，タオルをゆっくりはがします。
- はみ出た部分は，乾燥後にはさみで切ります。

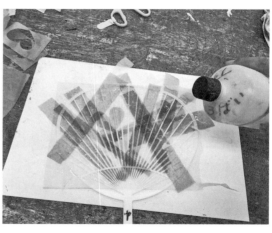

動かない程度にのり水をたらして，せーので裏返す

授業のポイント

- 柄はシンプルでよいので，ちぎった線とはさみで切った線の混ざったうちわを作っておきましょう。数時間で乾きます。その参考作品であおいだ風には，図画工作っぽいカラフルでやわらかい風を感じます。光に透かすと，裏まで透けて重なりを感じます。
- 交換してあおぎながら作品をながめることが鑑賞です。涼しい色や柄，暑苦しい色や柄など，子どもの感覚で感じさせましょう。

カラフルで，目で見てもあおいでも涼しいよ！

（北川）

22 木の塊からどうなる？

工作　高学年　🕐 標準実施時間　45分×4時間

■材料
杉角材（6cm×6cm×15cm程度）／蝶番（7～8個）／ねじ

■道具
のこぎり／ドライバー／クランプなど

角材からロボットに！

授業の流れ

❶（20分）蝶番の使い方で変化を伴う仕組みを理解する → ❷（40分）仕組みから木の塊をもととして，自分なりの予想を試す → ❸（100分）思いついことを試しながら，自分なりのイメージをつくる → ❹（20分）互いのつくり出した仕組みのよさを味わう

この題材で大切にしたいこと

○蝶番の対角の2つのねじを外すことで，つながった木が360度回転する。その使い方による仕組みを理解し，表し方を工夫しようとする。
○様々試してみることで蝶番を使った新しい動きを発見し，動きや仕組から発想・構想する。
○互いに発見した表現を通して，仲間のアイデアから自分なりの表現を高めると同時に，多面的な見方・考え方を高めることができる。

評価のポイント

　箱やドアなどのつなぎで使われている蝶番を，ここでは表現を広げる材料としての魅力を発見させることを通して，ものの見方・考え方を広げさせたいと思いました。「四角の杉角材がバラバラに……しかし次の瞬間またもとの四角の形に戻る」という条件設定のもと考えさせました。杉材はのこぎりを使って切り分けていきます。2～3cm程度に切ることで，電動糸のこぎりも使え，曲線も生かせるようになり表現が広がります。蝶番でつないだ箇所はねじの数や締めつけ具合で様々な動きができるようになります。様々な動きや形から何かに見立てて，発想・構想したりすることも可能です。その子なりの動きの工夫など，作品のこだわりをみとります。

材料準備のポイント

杉材の塊を2つに切り，対角にねじを2つ外した作品を提示します。実践では，蝶番の部分は最初子どもたちには見せずに，どのような構造かを探らせてみました。

「2つに切った角材です。後ろに蝶番がついて繋がっていますよ」「この角材はこのように横に移動します」「しかもこのように，上の四角い部分が1回転しますよ」

子どもたちから歓声が上がります。使ったねじの数や，締め具合などの工夫を予想させ，見通しをもたせます。

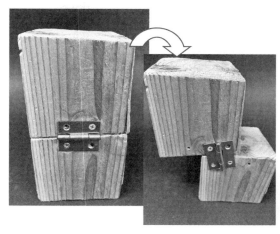
蝶番の対角のねじを外すと

道具の使い方のポイント

角材は前もって教師が切って準備しておいてもよいのですが，子どもの数だけ切るのはなかなか大変です。思い切って製材所から届いたままの長い角材から子どもたちに切らせてみました。下記の3点で有効でした。

①木を押さえるなど，皆が協力して切らざるをえない状況となりかかわりが増える。
②仲間の見ている前で否が応でも切らざるを得ないので，身体全体でのこぎりを引く感じをあちらこちらで教え合う姿になった。その後の活動に生かせた。
③教師は安全面に留意するだけでよい。

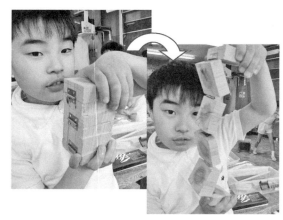
つなげてみたよ

授業のポイント

様々な動き，フォルムが生まれました。写真は龍。電動糸のこぎりで仕上げた曲線を活かした作品も動きに変化が出て面白いと思いました。可能であれば木ねじやL字釘などの木工材料を装飾的に使うことも面白いかと思います。

龍にみえるかな？

（仲嶺）

㉓ カッターナイフで「光の塔」

工作 **高学年** 🕐 標準実施時間　45分×4時間

■材料
8つ切りの厚口画用紙またはケント紙／木工用接着剤など接着剤／（色セロハン）

■道具
カッターナイフ／カッターマット／定規／画びょう（だるまピン）／（消せるボールペン）／LEDライト

光・影を意識したカッターナイフ・アート

授業の流れ

❶（5分）
作品の写真を見たり，参考作品にライトを入れたものを見たりして活動のイメージをもつ
→
❷（10分）
決めた多角形ができるように折線をつけて活動を始める
→
❸（150分）
カッターナイフは必ずマットの上で使うので，筒状に接着せずに開いたり立たせたりしながらつくる
→
❹（15分）
部屋の明かりを落とし，ライトを入れて出来具合を確かめる

❗ ❸❹製作と確かめ（鑑賞）を行き来できるように，暗い部屋を用意できると望ましい

この題材で大切にしたいこと

○カッターナイフの既習技能を応用して活動します。光を灯すことを念頭に置いて窓の形や輪郭の切り方などを工夫します。

○全てを計画してから切るのではなく，一部を切り抜いたら光を当ててその後を見通し直し，常に創造的に思考・判断しながらつくり進めます。

○友だちの作品と連結したり並べたりして，心のぬくもりも加味した灯りにします。飾る場面を想像して，生活を楽しく豊かなものにしようとする意識を育みます。

評価のポイント

　カッターナイフの基礎技能の習得の確認は第一段階で，さらにその応用の意欲や技能を問います。切る技能は高くても，窓の配置や配列にも子どものセンスは現れます。

　同じ五角形にした友だちと積んで高くして光を灯すなど，個と個の組み合わせで活動がつながる楽しさや，光る塔の美しさなどを味わう感覚をみとりましょう。暗くできる場所に飾って学級展覧会を行うなど，作品をつくった後の鑑賞活動への取り組みも大切です。ものづくりからことづくりに進む学級活動に転化させます。

道具の使い方のポイント

- １cm程ののりしろを残し，３・４・５・６等分に折り目をつけて角柱をつくります。曲面は可能ですが難易度が上がります。
- 折り目は，プラスチックの持ち手がついた画びょう（だるまピン）を定規にあてて折り目をつけると簡単で確実です。
- 開いてカッターマットの上で切り，組み立ててテープや洗濯ばさみで仮組して確認します。組み立ててから切ることは危険ですし，切りにくいからです。

材料準備のポイント

- ＬＥＤランプは，白の単色や，赤・黄・緑などの色が変化するものなどがあり，廉価で安全で電池が長持ちします。天井にまっすぐ光が届くタイプのランプは，天井に映る光の模様も美しいです。
- 窓にセロハンテープを貼って油性マーカーで色を塗ったり，色セロハンを貼ったりすることもきれいです。（72ページ右奥作品）
- 下描きはしません。思いつきながら，カッターで描くように切ります。

授業のポイント

- 切る基礎技能は，個別に確実に教えます。
- デザイン上どうしても下描きが必要な場合は（左ページ中央の窓など），消せるボールペンで描いてドライヤーの熱で消します。
- 友だちと作品を重ねて光を灯すと，一体感のある活動になります。並べることも同様です。これらを念頭に置いて相談しながら製作することも子どもにとっては楽しく学びのある活動につながります。

いつもカッターマットの上で切ると安全。切り抜いた形を貼るのも美しい（ハートの形が下の写真左上に）

ＬＥＤランプの色が変わると，幻想的な灯りに。右下写真の右端の２つは100円のＬＥＤランプ

五角形どうしで重ねている。このときにも鑑賞の能力を働かせて会話しながら学び合っている

（北川）

㉔ わくわくメッセージプレート

工作 **高学年** 🕐 標準実施時間　45分×6時間

■材料
発泡スチロールまたは EVA 樹脂のマット／ダンボール／アクリル絵の具またはポスターカラー

■道具
電動糸のこぎり機（ステンレス線をセットする）／カッターナイフ／木工用接着剤など

電動系のこぎり機の2次利用で，簡単・きれいなプレートづくり

授業の流れ

❶（45分）スチロールをステンレス線で切ってできることを試す
→ ❷（180分）メッセージプレートのデザインを考えて，部品からつくり始める
→ ❸（45分）切り抜いた文字や模様を並べて，全体のデザインを確認・修正して接着する
→ ❹（課外）使用目的の場所に飾って，実際に使ってよさを味わう

❗ ❶でつくった部品のうち，使える部品は作品に生かしてもよい

この題材で大切にしたいこと

○電動糸のこぎり機で発泡素材を切り抜く方法を知り，自由な曲線で切り抜いたり型に沿って正確に切り抜いたりしながら発泡素材を加工する技能を身につけます。

○切った材料の色や形を組み合わせて，生活を楽しくするメッセージプレートをつくります。形の面白さや美しさ，色の印象などを考えながら材料を並べて接着します。

○自分，家族，学校にいる人などの気持ちを楽しくするような内容・図案を考えて，生活を楽しくしようとする意識を大切にします。

評価のポイント

始めは，発泡スチロールなどの材料を試し切りして，どのような加工ができるのか実験しながら探るように楽しみます。そこで気づいたことを生かしながら，生活の中で役立ちそうな用途をもったメッセージプレートをめざしてつくります。切った材料を並べ直して仕上げの形を決め直そうとするなど，つくりながらの柔軟な思考も思考・判断・表現力の面では重要です。台紙の色や部品の色をぬる順序や配色などについては，計画性も必要になります。

道具の使い方のポイント

- 電動糸のこぎり機の刃の代わりに，長さ15cmに切ったステンレス線をセットします。ステンレス線の太さは0.5mm（#22～24程度，ひと巻200円程度）がおすすめです。
- 摩擦熱で材料を切り進めます。動いているステンレス線に軽く触れる程度なら，指も切れないので危険は少ないです。
- 写真は，画用紙の型紙を切り抜いてのりで軽く貼り，縁に沿って切っているところです。文字や図形が正確に切れます。

スチロールに貼った型紙の縁に沿って切ることもできる

材料準備のポイント

- 地元の青果市場でブロッコリーやリンゴの発泡スチロールを無料でもらいました。買った素材よりもスチロールの密度が高く，切り口に光沢が出ます。
- ダンボールは，はさみ，カッター，普通の刃をつけた電動糸のこぎり機で切れます。
- ソフトジョイントマットなどのEVA樹脂マットが手に入ったら，輪ゴムなどで止めて重ね切りすると74ページの作品のようにパズルのような組み換えができます。

ダンボールにアクリル絵の具やポスターカラーをぬってから文字や模様の部品を並べて貼るのが一般的な手順

授業のポイント

- 太いゴシック体やポップ体等の文字を画用紙に印刷してあげると，切り抜いて型紙にできます。型紙はのりで貼ります。画用紙を残して色をぬってもよいし，はがしてもよいです。
- ステンレス線から3mmぐらいの距離に角材や箱を立てて壁をつくると，3mm分スライスできる装置になります。表面をそぎ落としたり，金太郎あめの要領で同じ形をたくさんスライスしたりすることもできます。

自分の名前，学校のENGLISHROOM。生活を楽しくする色・形が生まれた

（北川）

第2章 ポイントを押さえてカンタン追試！ 題材ネタ50

25 自分の紋章

[工作] [高学年] 　標準実施時間　45分×5時間

■材料
16切りの画用紙かケント紙／都道府県・市区町村などのマーク，校章などの画像

■道具
コピー機能がある複合プリンタ／水彩用具／水性カラーペン／色鉛筆（画材は選択して使う）

「桐の校章，ヴァイオリン，算数，英語，音楽，花，白と黒の水玉，青と白のボーダー，これが私の紋章です」

授業の流れ

❶（15分）紋章の意味や特徴を知る → ❷（30分）自分の紋章に使いたい素材を考える → ❸（165分）紋章を描く → ❹（15分）作品に込めた思いを紹介し合う → ❺（課外）作品を掲示して鑑賞し合う

! ❷素材探しを宿題にする

! ❸決まった部分から彩色し，素材探しも並行して進める

この題材で大切にしたいこと

○紋章の由来や意義，仕組みなどを知り，それを応用して自分なりの方法に転換して図案化します。左右対称形の美しさを知ると共に，対称でない図案にも違った美しさを見出します。

○高学年の自分は，何が好きで，何に囲まれて生活し，誰とかかわりがあるのか。それらを図案化して組み合わせ，自分を表す紋章としてつくりあげます。

○自分を見つめ直すことや，自分のよさを友だちに指摘されて気づくなど，自分の心や学級集団の中での自分や友だちの存在を強く意識する鑑賞活動が随所に現れます。

評価のポイント

　この活動は，デザイン・工作的な活動なので，平面表現ですが，「工作」の分類に入れました。また，鑑賞能力を大きく働かせてつくり，つくった後の相互鑑賞も重要です。

　普段の題材では，オリジナルの絵を描かせる指導をしていますが，本題材では既存の図案やキャラクターのトレースも認めました。「自分」を構成する要素を，大小や位置・色などをどう配列して紋章化するかの方を問うことを重視しました。基礎技能的な色のぬり方の美しさやていねいさ，効果的な色の組み合わせなども評価します。

材料準備のポイント

- 1時間目で紋章の知識を教え，自分の紋章の素材集めを開始します。1時間目は，メモや図書室での調べ作業などで終わります。残り4時間で作品をつくります。
- 模様のヒントとして，家系・家業・住所，食べ物，遊び，学習，好きな○○，習いごと，その他などのキーワードを与えました。
- 2つ折りにした紙を切って開くと美しい対称形の型紙になることの実演をします。
- 市区町村などのマークや家紋も集めます。

線対称の盾型，4つのクォーターとレアル（冠）の構成

道具の使い方のポイント

- トレースは，図や写真を拡大・縮小コピーしたり，デジカメで撮ってプリントアウトした紙の裏に鉛筆をこすりつけ，カーボン紙のようにして写します。
- 絵の具も使えます。おすすめは水性サインペンを絵の具として使うことです。ビニールやプラ板に水性ペンを塗り，水を含んだ筆で溶かしてぬります。混色も美しいです。
- 色鉛筆は淡いので，使う時には濃くぬるようにします。

線対称をあえて崩した例。より中心のものが目立つ

授業のポイント

- 最後に作品をスキャナーで読み込み，シールにして配りました。初めからシール化を予告しておいたので，濃くはっきりぬろうという意欲化にもつながりました。
- 白地に白っぽい紋章は，切り抜いて色画用紙に貼るという方法が効果的です。
- 16切り画用紙がぴったり入る透明のクリスタルパックに入れて掲示すると，1.5倍美しく見えます。笑顔の鑑賞が毎日続きます。

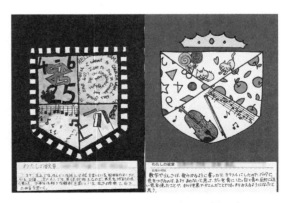

白地に白で弱いため切り抜いて色画用紙に貼った紋章の説明に，その子らしさがにじみ出る

（北川）

僕の紙様　立ったよ！

立体　**低学年**　🕐 標準実施時間　45分×2時間

■材料
128切り程度のカード大の画用紙／黒画用紙

■道具
クレヨン／カラーペンなど

立たせ方はいろいろ……

授業の流れ

❶（10分）
「立てる」という条件から，紙の様々な形を考えることを理解する

→

❷（20分）
折り曲げたり丸めたりなど，紙の形を変えるやり方を考える

→

❸（30分）
模索する仲間のアイデアをもとに，更に立て方のアイデアを広げる

→

❹（30分）
「紙様」の題材名からイメージし，お気に入りの形から「紙様」をつくる

この題材で大切にしたいこと

○128切り画用紙を「立てる」条件から，折り曲げる・丸める・くしゃくしゃにするなどの可能性を考えることができる。
○画用紙をちぎったり切ったりしない条件の中，折り曲げたり丸めたりすることを組み合わせたり紙の向きを変えたりしながら，「立てる」形をさらに工夫していくことができる。
○紙の向きや折り曲げる回数の工夫，曲げる，丸めるなどを組み合わせるなど，紙を立てる条件から気づいたことを伝え合うことで，仲間とともに活動するよさを感じることができる。

評価のポイント

　子どもたちは単純な形から「立たせる」条件を探っていきます。まずは量。次々に違う立て方を提案してくる子をみとります。それでも，意外と一人では様々なやり方があることに気づかないものです。「おっ，この立て方は初めてだ」「○○君とここが違うね」など，同じような曲げ方でも紙を斜めに使うなど一人一人の子どものほんの小さな違いやこだわりをみとるとよいでしょう。立たせた心地よい形から，「紙様」の発想を広げて自分なりの作品にしていきます。

材料準備のポイント

　使い慣れた材料の面白さや楽しさを再発見させます。つくりながら新たに思いついたものをつけ加え，外へ外へと広がることが多い低学年の紙工作。この題材では，逆に紙の大きさに「枠」を設け，小さな表現ステージの中だからこその，内へ内へと多彩な広がりに気づかせたいと考えました。いくつもいくつも並べたいと思うのは低学年らしい姿です。紙はやはり最適な素材です。のりやはさみを使わない活動でも，破ったり切ったりしなくても，子どもたち一人一人のアイデアそのものが引き立ち，お互いの感性の違いそのものが際立つ題材です。

授業のポイント

　次のような導入が考えられます。
　「紙は皆さんが図工でお世話になってきた材料のひとつですね。今日は「紙様」という題材ですよ。さて，この紙様，実は寝てばかりで立つことが苦手です。紙様を立たせるにはどうしたらいいかな？　切ったり破ったりしないでもできるかな？」と2，3人に実際に皆の前でやらせてみるといいでしょう。以下が予想される子どもの反応です。

・縦に折り曲げてみたら立ったよ
・ひねってみても立ったよ。しかも面白い形だ
・角度を変たら，違った形が見えてくるね

　実践では，その後の展開として，クレヨンや水彩マーカーなどで描き入れて，いろいろな「紙様」のキャラクターにしてみました。（写真中）高学年では，デジカメを使って1枚の紙が次々と形を変えていくアニメーションに展開することも面白いと思います。（写真下）

立たせた形から……

かわいい紙様たちだよ

少しずつ紙様たちが動くよ

（仲嶺）

27 くるくるツリー

立体 　低学年 　標準実施時間　45分×2時間

■材料
ボール紙（土台用15cm×15cmほど）／画用紙・色画用紙（ツリー用　何種類かあるとよい。土台とほぼ同じサイズに切っておく）／わりばし／画びょう

■道具
はさみ／のり／ステープラー

おー！　ツリーが立ち上がったよ!!

授業の流れ

❶（15分）
紙をらせんに切る方法を知り，紙を回しながららせんに切る

→ ❷（20分）
切ったらせん状の紙を台紙に貼り，わりばしで支えてツリーの形に立ち上げる

→ ❸（45分）
自分の気に入ったツリーになるように，紙を重ねたり，飾ったりして試しながら工夫してつくる

→ ❹（10分）
教室の中に作品を置き，お互いのツリーを見合う

❗ ❸の中でいくつもつくるなど繰り返す

この題材で大切にしたいこと

○紙を動かしながら，はさみで「らせん状」に切ること。
○らせん状の紙をわりばしで支えることで生まれる立体的な形から発想を広げ，飾り方などを考えて，自分の家で楽しむためのツリーを工夫して表すこと。
○自分の生活を飾るツリーづくりを楽しむこと。

評価のポイント

　この題材は，「はさみで切る技能」の習得が大きな目的のひとつです。紙を動かしながら（回しながら）らせん状にはさみで切ることを身につけさせます。また，それをわりばしで支えてツリーのような形をつくり，自分の思いを広げて飾りなどを工夫して表すことを大切にします。ツリーをいくつもつくったり，ひとつのツリーに夢中になってつくるなどの姿を引き出しましょう。

材料準備のポイント

ツリーを支える台紙は，ボール紙などある程度硬さのあるものを用意します。ツリー部分の紙は画用紙か色画用紙を使います。15cm四方程度の大きさは，低学年の子どもがやや手応えを感じながら「らせんを切る」ことができる大きさです。途中で切り落としてしまうなど失敗してやり直す場合にも材料のロスが少なくすみます。

道具の使い方のポイント

紙を曲線やらせんに切る時は，紙を動かしながら切ります。この基本を指導するためにこの題材はぴったりな内容だと思います。紙を台紙に固定する方法は，実態に応じてのりかステープラーを使用します。わりばしを固定する画びょうは各グループごとに小皿などに入れ，扱いには十分注意するようにします。

授業のポイント

「今日ははさみ名人になっちゃおうね。くるくる切るよ！」

まずは教師がらせんに切ってみせます。ゆっくり，少し大げさに紙を回します。

「切り落とさないように……くるくる……」

「名人に近づくためのコツに気がついたかな」と対話をしながら，紙を回しながら切ることを押さえます。

らせんが確実に切れたら，ツリーをつくることを伝えます。活動を止めて，手順を追いながらつくってみせましょう。

「さあ，お家を飾るすてきなツリーをつくろう！」

わりばしによっては画びょうを差しこむ際，力がいる場合がありますので支援します。

いっぱいかざりたいな！

（笠）

㉘ むにゅむにゅべんとうできあがり！

立体 **低学年** 🕐 標準実施時間 45分×2時間

■材料
軽量ねんど（大を1/8に分ける）／マッチ箱
■道具
水性カラーペン／水彩絵の具

小さな箱の中は楽しいお弁当!!

授業の流れ

❶（20分）
軽量ねんどに色を混ぜる方法を理解し，好きな感じの色ねんどを試しながらつくる

→ ❷（60分）
マッチ箱を「お弁当箱」に見立て，自分の好きな感じのお弁当になるようにつくった色ねんどを使い具材などをつくる

→ ❸（10分）
お弁当試食会を行い，目で味わう

❗ ❷表したいことに合わせて新しい色ねんどもつくる

この題材で大切にしたいこと

○軽量ねんどに水性ペンや水彩絵の具で色をつける方法を知り，自分の好きな感じになるように色ねんどをつくることができること。
○小さな「マッチ箱」をお弁当箱に見立て，つくった色ねんどを使い，楽しいお弁当を考えて，工夫してつくること。
○つくったお弁当を見合うなどして，友だちのねんどの色のよさや，お弁当の表し方の面白さを感じること。

評価のポイント

　低学年では，様々な種類のねんどに触れさせたいものです。しかし，ねんどは準備や片づけなど手間がかかるので，つい敬遠してしまいやすいものです。そこで，少量の軽量ねんどからはじめてみましょう。まずは水性カラーペンで色をつける遊びから入ります。自分の好きな感じの色ねんどをつくろうと試す姿を大切にします。そして，マッチ箱と組み合わせてお弁当をつくります。子どもは食べ物をつくることが大好きです。つくった色ねんどを使い，増やしながら，自分のお弁当に対するこだわりを認めましょう。「うわ，○○くんのおすし，美味しそう！」など，友だちのよさを感じたり，気づいたりする姿によりそうように心がけましょう。

材料準備のポイント

軽量ねんどを1人当たり1/8にすることで，子どもは大切に扱います。また，コストを抑えることができます。白いマッチ箱は，インターネットで1個10円程度で購入できます。

道具の使い方のポイント

軽量ねんどの指導の一歩として，この題材は最適です。特に絵の具を混ぜて色をつくることは難しいです。多すぎるとべちゃべちゃになってしまうからです。ですから，まずは水性カラーペンを使って，小さな「色玉づくり」の遊びをおすすめします。

授業のポイント

「いい色の色ねんどがいくつもできたね！じゃあ，それを使って，今日はお弁当つくっちゃおう！」
マッチ箱を渡しながら提案します。
「みんな，どんなお弁当のおかずが好き？」
「玉子焼き！　から揚げ！　ハンバーグ！」
「お腹がすいてきちゃうね！　じゃあ，あったらいいなあ，というお弁当は？」
「デザート弁当！　お寿司弁当！」
「じゃあ，夢のお弁当をつくってみようよ！」
子どもたちは，驚くほど夢中になってつくり始めることでしょう。低学年ですから，形づくる技能には個人差があるかもしれません。しかし，小さなお弁当の中に，一人一人の表現のこだわりを見つけることができるはずです。野菜の色にこだわっていたり，お寿司の表面をなめらかにしようと丁寧に丸めていたりします。お弁当の中身の楽しさに合わせて，そんなこだわりを見つけて話をしてあげましょう。

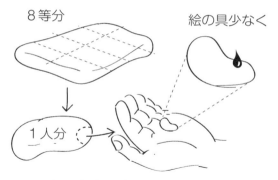

ねんどの色混ぜは絵の具を「少しずつ」

先生！きれいな色ねんどができたよ！

おいしそうなお弁当やデザートがいっぱい!!

（笠）

㉙ 小さな紙で広がる世界

立体 **中学年** 🕒 標準実施時間　45分×2時間

■材料
工作用紙（5㎝×5㎝）／黒画用紙
■道具
はさみ／プロジェクターなど

小さな紙から「竜」

授業の流れ

❶（10分）
小さな工作用紙をはさみで切る活動条件を知る

→ ❷（30分）
活動条件から発想・構想を広げ，様々な切り方の可能性を試す

→ ❸（30分）
互いの交流から，細かくはさみを入れる，長く長く切ってみるなど，様々切り方を試してみる

→ ❹（20分）
さらなるアイデア（切り方・形・曲げる・折る・しわをつけるなど）へ

この題材で大切にしたいこと

○5㎝×5㎝の正方形の工作用紙小片1枚の4辺のうち2辺以上を残し，残りの辺からはさみやカッターで切り込んで形をつくることができる。
○工作用紙を切り離してはならない条件の中，切った部分を切り起こしたり折り曲げたりしながら，自分らしい形をつくり出していくことができる。
○折り曲げたり，丸めたり，起こしたり，くしゃくしゃにしたり，小さな紙だからこそ，可能な表現方法を探り，互いに試行錯誤の中，様々工夫していく。

評価のポイント

　小さな紙でも無限に広がる面白さや楽しさを発見させる契機としました。最初は中学年らしい具体的なものを切り出す姿が見られるでしょう。みとっていくうちに，例えば，幾何学的な形や模様など，偶然生まれた互いの作品の抽象的な形のよさにも気づいていきます。2辺以上を残す，紙を切り離さないなどの活動条件の中，小さなステージの中だからこそ工夫できた達成感につなげたいと思います。

材料準備のポイント

内へ内へと広がる多彩な表現のよさに気づかせたいと考えました。立体的に起こしたりひねりを加えたりしていくうち，子どもらしい具象的な作品（写真上）から，シンメトリーの形を生かしたり，紙の弾力を生かした抽象的な形のよさを感じたりなどし，（写真中）活動が広がります。やり直しが何度もきくことで，様々試せ，考えが次々に変化し，作品が多彩になります。

授業のポイント

次のような活動の展開が考えられます。
「小さな工作用紙を切り開いてつくります。切り込む場所は必ず2辺以上残します」
実践での子どもたちは，以下のように展開しました。
・「切り起こしたら○○のような形ができたよ」
・「ひねってみたら，違った形が見えるね」
・「少し切り方を変えたり，起こし方を変えたりしただけで随分イメージが変わるね」

3学年という実態から，最初は見立てを作品に生かすそうとする姿がほとんどです。顔や虫，果物など具体的なものを切り起こす活動が多かった子どもたちでしたが，細かくはさみを入れていくうちに少しずつ抽象的な形の面白さや，偶然できた形の面白さにシフトしていく姿になりました。写真下の2点は，それぞれ，蝶と，人の顔ということです。「ここから見たら○○に見えるよ」と，角度を変えて作品を見ることで，奥行き感も取り入れながら自分なりのイメージをつくる姿になりました。可能であれば，作品をデジタルカメラなどで撮影させるのも，作品の見方が広がり，子どもたち一人一人のこだわりがより見えて来るかと思います。

具体的な顔の形

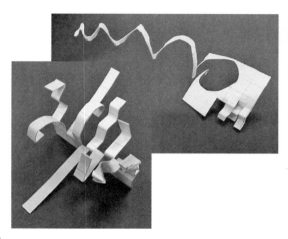

紙の弾力を生かした抽象的な形

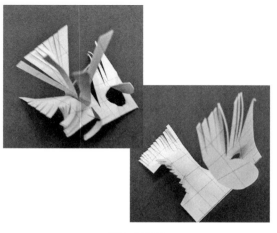

蝶と人の顔

（仲嶺）

㉚ 成長し続ける形

立体 **中学年** 🕐 標準実施時間　45分×2時間

■材料
アルミホイル／ペットボトル／ビニールひも／セロハンテープ
■道具
はさみ（必要に応じて）

手の中で，アルミホイルに生命を吹き込む

授業の流れ

❶（5分）成長し続ける形という言葉から連想したことを話し合う → ❷（10分）ペットボトルにアルミホイルを巻く・貼るなどの方法を試す → ❸（65分）成長し続ける形をアルミホイルでつくる → ❹（10分）作品に込めた思いを紹介し合う

❗ ❸個人活動からグループ活動，あるいは友だちにつなげるなどしながら活動する

この題材で大切にしたいこと

○アルミホイルの光沢や，軽さ，変形させた形の残りやすさなどを生かした表現をします。
○生き物のように伸びて変化するアルミホイルという設定から考え，手で材料を操作しながら想像を広げるように活動します。考えてからつくるというより，手で考えます。
○自分と材料との対話から，やがては，並べる，つなげるなど，友だちとのかかわりにも発展します。アイデアを出し合ったりよいところを認め合ったりしながら活動をします。

評価のポイント

　2階まで伸びたアサガオのつるのように，成長し続ける形って面白いという話から始めました。水を半分入れたペットボトルを土台にしてアルミホイルを巻き，手で考えるように活動を進めます。葉のように立ったことや，重くて倒れたことなどを新しいきっかけとして，発想を重ねながら表現していきます。授業づくりとして，完全に個人活動として作品づくりをさせる場合は別ですが，友だちとの連動や連結などを通して，アイデアを出し合いながら進めていく活動の開発力や推進力も評価のポイントです。

材料準備のポイント

・アルミホイルは、製品ごとに微妙に厚みが違います。薄いものは扱いやすい半面コシが弱い特徴があります。
・500mlのペットボトルに半分ほど水を入れて、右の写真のようにくるんだ所から「成長」がはじまります。
・机から垂れるように成長する、天井からつるした状態で成長する、ひもを伝って成長するなどの設定は、友だちとのかかわりを活発化させる手立てです。

ペットボトルに巻きつけて、成長が始まる

道具の使い方のポイント

・手を働かせて活動します。はさみは使わないか、補助的に使います。
・セロハンテープは目立たないので便利です。
・アルミホイルを、次の要素で扱う意識がわくと表現に変化が出ます。
　・ねんど…丸めて、重ねて、ひねって、つぶして
　・折り紙…折って、切って、貼って
　・針金…曲げて、巻きつけて、縛って
　・右の写真は、花束を花瓶（ペットボトル）にさした作品です。

「花束だよ！」細くねじって、薄く広げて…

授業のポイント

・場の設定は、この活動を大きく左右します。広い床で活動すれば、地を這うように成長するでしょう。ひもを張れる場所なら、つる植物のように伸びたりイスの上で花を咲かせたりするでしょう。
・友だちとつなげずに並べるだけでも活動は連動できます。窓辺に並べてみたり、棚からたらしてみたりと、移動させて鑑賞することもよいでしょう。

ひもでつるすと、友だちとの協働が生まれた

（北川）

㉛ つな木，ぐんぐんぐん！

立体　中学年　標準実施時間　45分×4時間

■材料
たる木（2cm×3cm，長さ1人20cm〜30cm程度）／竹ひご（5cm程度に切っておく）／ベニヤ板（土台用，10cm×7cm程度）

■道具
鉄やすり各種／のこぎり／きり／かなづち／Cクランプ

切ってつないで形が広がる!!

授業の流れ

❶（25分）鉄やすりの使い方を学習し，角材を削って形の変化をつくる。また，紙やすりで磨く方法を学習する
→ ❷（20分）きりで穴を開ける方法を学習し，一定間隔で穴をあける
→ ❸（45分）のこぎりの基本的な使い方を学習し，❶の角材をのこぎりで切る
→ ❹（70分）竹ひごで切った木をつないで，気に入った感じになるように試しながら立体として表す
→ ❺（20分）作品を相互鑑賞する

! ❶〜❸を繰り返し，つな木をつくる

この題材で大切にしたいこと

○のこぎりなど，各木工具の特徴を理解し，正しく安全に使えること。
○木と各木工具の特徴を生かし，削ったり，つないだりして，形の面白さを考えながら，工夫して立体に表すこと。
○木と木工具を使ってつくることを楽しみ，その可能性を自分なりに試そうとすること。

評価のポイント

　木工作の基本的な道具の使い方を，ステップを追って指導できる題材です。削る楽しさ，ザクザクとのこぎりで切る心地よさ，磨くことで変化する木のよさ，つないで形が立ち上がって広がっていく面白さなどを味わわせたいものです。一連の活動の各段階で，それぞれ木工具の特徴を理解し，安全に正しく使えるようにします。またその技能を使って，木を削ったり，つなぎ合わせたりして，立体的な形の面白さや立体的な広がりを自分なりに試し追求しながら表す姿を大切にします。

材料準備のポイント

たる木は、やや細めの木材です。まだ腕の力が十分でない子どもでも、のこぎりを使って無理なく切ることができます。

道具の使い方のポイント

①木をC型クランプで固定します。安全を確保するよう作業場所を設定します。

②鉄やすりを配ります。「何かをつくる」ではなく「木を削って形を変えよう！」と投げかけます。教師がやってみせながら、力加減を調整し安全に留意することを伝えます。

③ある程度削ることができたら、紙やすりと布を配ります。木は、紙やすりで磨き、布でこすると表面がなめらかになることを教え、少しだけ体験させます。この後の活動の中で適宜行うことを伝えます。

④固定したまま、一定の間隔できりで穴を開けます。両手で使うことを指導します。

⑤取り扱いに注意することを伝え、のこぎりを配ります。「引く時に力をいれること」と「刃をまっすぐに引くこと」がポイントです。顔を正面にもっていき、まっすぐ引くように指導します。クランプを使いますので、力が足りない子どもには両手で引かせます。

授業のポイント

削り、磨き、切り落とした木片は、子どもにとって愛着のある作品の一部です。竹ひごでつなぐ場面では、そんな子どもの思いを引き出して「どれが一番お気に入りの形かな？」などの発問から始めるとよいでしょう。実態に応じて形の大きさや広がりを目標に入れてもよいでしょう。

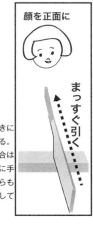

（笠）

32 形の中に広がる宇宙

立体　　**高学年**　　🕐 標準実施時間　45分×4時間

■材料
工作用紙

■道具
はさみ／カッターナイフ／カッターマット／セロハンテープ／定規／筆記用具など

様々な2つの形

授業の流れ

❶（10分）
直方体が2つの立方体になる例から、2つに分けた断面を構成することに見通しをもつ

→ ❷（40分）
対角線などの単純な断面から、平面でできる簡単な切り分け方をつくる

→ ❸（120分）
複数の面での断面や曲面など、直方体の内部を構成する形を練る

→ ❹（10分）
互いの成果やアイデアの違いを味わう

この題材で大切にしたいこと

○2つの立体を合わせればもとの箱の形に戻る活動条件から、直方体を切り分けた断面の形を考え、空間を工作用紙で構成していくことができる。

○直方体の単純な切り分け方を試していくうちに、感覚的に、断面の形は無数の点や面が存在し、様々な形で構想し構成できることに気づき、イメージを実現しようと試みる。

○互いの切り分け方、断面の構成の仕方などの発想のアイデアを取り入れ、自分なりの造形的な見方・考え方を深めていく。

評価のポイント

　直方体を2つに切り分けることから発想・構想し、合わせるともとの直方体の形になる2つの立体をつくります。複数の平面で構成された断面や、空間を活かした凹凸の関係、紙では表しづらい曲面もあり得ることなど、様々な形が可能なことに気づく姿をみとります。単純な形のよさから複雑な形に、発想・構想の広がりをみとります。

授業のポイント

　直方体は真ん中から切ると2つの立方体になることを確認し，（写真上①）「2つに分ける切り方はこれだけかな？」と発問しました。「分ける2つの大きさが同じでなければいろいろできるよ」「斜めに切ってもいいのかな」「三角にも切れるね」という子どもたちの声を踏まえ，直方体（5cm×5cm×10cm）を2つに分け，断面から発想してそれぞれの形をつくることを課題としました。直方体を切り開く，切り開く線を描いて，一度直方体をばらして考えるなど，考えを巡らせました。箱の内側に柱のような出っ張った形をつくり，直方体を縦に2つに分ける表現（写真上②）など，直線や平面を活かす姿が見られました。

　ある子どもが斜めの直線で分けた形に切りました。（写真中）斜めの直線を切ってみると形の面白さを感じますが，断面は単純でないことに気づきます。「1枚の面の形ではできないね」「面を分けて考えればいいのかな」と線と線の間に面ができることを，直観的に説明します。定規を持ち切り口に当て，斜めに切り分けた内側の空間から，2つの三角形を見出し，写真のように構成することができました。断面から発想できる2つの面は，実は凹凸の関係になっていることに気づき，切り口の断面の形を平面から立体的に発展させていきました。

　曲面を活かしたり，マス目から発想した細かな作品も出ました。（写真下）「完成できていないけど，この子のやりたいことの気持ちわかるかな」「わかるよ。角砂糖がたくさん並んでる感じだね！」と，箱の中の空間には，見えない無数の点と線と面がある。実は無限の宇宙が広がる幾何学的知見を感覚的に学びました。

直線・平面から考える

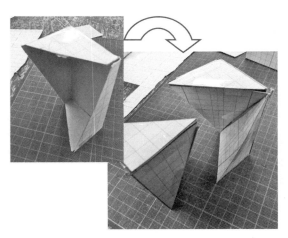

平面を2つに分けて考える

アイデアは十分仲間をうならす

（仲嶺）

㉝ けずって彫りだせ

立体 **高学年** 🕐 標準実施時間 45分×4〜6時間

■材料
カネライトフォームまたはスタイロフォーム／つまようじ／木工用接着剤

■道具
鉄のやすり／カッターナイフ／のこぎり／ドライバー／（電動糸のこぎり機）

古代遺跡発掘!? けずって彫って，発想が広がる

授業の流れ

❶（30分）
材料の小さな塊をさまざまな方法でけずり，材料に親しむ試行活動をする
→
❷（120〜210分）
試しで気づいたことを生かして，もう少し大きな材料に挑む
→
❸（30分）
飾る場所や飾り方を工夫して，作品を紹介し合う

❗ ❷複数つくる，つなげるなど，自分なりのイメージに向けてつくるのもよい

この題材で大切にしたいこと

○彫塑作品は，彫像と塑像に大別されます。ねんどで形を作るのが塑像です。本題材では，断熱材を彫ったりけずったりする彫像の体験を中心にします。
○彫像は，けずり過ぎると元には戻せません。計画的に彫ったり，彫りすぎたことから計画を変えたりしながら活動します。木彫と同じように，材料を継ぎ足してけずる表現もできます。
○ねんど表現がたし算だとすると，四角い素材から形をけずり出していく営みはひき算です。その違いを体感しながら心の中に浮かんだ形を表します。

評価のポイント

本題材では，様々なアプローチができます。私は，材料をけずる遊びのような体験をした後に古代遺跡の画像などを見せ，「古代の遺跡を創造してみよう」と提案しました。題材名は，「けずって彫りだせ，原始の謎，宇宙の神秘」です。謎が多い古代遺跡が手がかりですから，けずり間違えも含めて気軽に彫像を楽しめます。もとの材料の四角いままでは面白みはありません。友だちと並べたり，連結したりしてもよいでしょう。飾り方や写真の撮り方も工夫します。

材料準備のポイント

- 青いスタイロフォームという断熱素材と同類の，薄茶色のカネライトフォームという断熱素材を使いました。前者が未来的な印象なら，後者は自然の温もりを感じます。
- 写真上は7.5cm厚の大きな板を10×15cm位に切り分けたものです。90×180×7.5cmの板状で買って自分で切ったので，右の大きさでひとつ25円程度です。カッターナイフで切れ目を入れて折ると簡単です。
- 10×10×30cm等の塊での購入も可能です。

「けずれる！」試して，見つけて，考えて

道具の使い方のポイント

- 発泡スチロールに比べて，カネライトフォームはのこぎりで切ってもけずりかすが静電気を帯びにくいので扱いやすいです。
- 写真中は，ドライバーなどで穴を開けてからやすりでけずった形です。
- つまようじを刺して材料をつなぐことができます。木工用接着剤で補強もできます。
- 電動糸のこぎり機は便利すぎるので，「けずる楽しさ」を損なうかもしれません。今回は使いませんでした。

穴をあけて，やすりでけずってくりぬいてみたよ

授業のポイント

- 木の彫刻では腕や頭を別の木でつくって継ぐことがあります。本題材でも応用できます。
- 草の間において撮影するなど，古代遺跡というイメージを楽しんでいました。友だちの作品と組み合わせて群像にすると，迫力のある古代遺跡群になります。
- 写真下では，ペーパーフィルター用のコーヒー豆を乾かして敷き詰めたりまぶしたりして雰囲気を出しています。

友だちの作品と組み合わせて，古代遺跡群が誕生

（北川）

34 動き出すねんどくん

[立体] [高学年] 標準実施時間　45分×4時間

■材料
油ねんど／アルミ線／竹ひご類／厚紙や板などの台紙

■道具
ねんどくんの型紙／針／わりばし（たたら）／ねんどをのばすのべぼう／つまようじやねんどベラ

体のひねりや人物の組み合わせで表す

授業の流れ

❶（10分）
ねんどくんの基本的なつくり方と，動きの基本形について知る

→ ❷（45分）
ねんどくん1体で表せることを試し，見合う

→ ❸（110分）
ねんどくんを複数組み合わせたり，動きをさらに工夫したりして，動きのある場面づくりをする

→ ❹（15分）
鑑賞の方向に題名を書いた札をつけたり写真を撮ったりする

❗ ❷❸必要に応じて土台や針金などを使うが，ねんどくんの動きの表現が主役であることははずさない

この題材で大切にしたいこと

○関節を意識した動き（ムーブマン）をねんどの可塑性を生かして捉えます。2体，3体と組み合わせることで群像の場面効果を学びます。
○何度も変えられる可塑性の高い油ねんどで，試しながら思考・判断をくり返します。
○立体表現は360度が鑑賞の方向です。友だちと意見交換しながら形・動き・組み合わせ・場面設定のアイデアなどを高め合える集団での学びにつながります。

評価のポイント

　1体でも迫力ある動きがつくれます。その段階を経て，組み合わせの表現にも「個の動き」と「組み合わせのよさ」を生かそうとする姿勢を見取ります。例えば，95ページ写真上の「ピラミッド」は，群像としてはおもしろい再現的表現です。よく見ると，ひざではなくつま先で立っているのがわかります。「謝る人」をつくった友だちが，「こうやって，ひざを曲げるともっといい」といったアドバイスを送る場面が生じます。油ねんどは固まらずに何度も直せるので，よりよくしようという姿勢と行動力を評価したいものです。

材料準備のポイント

・やわらかい油ねんどを使用しました。乾燥しないので何度でも形を動かせます。
・まず，油ねんどを紙の上に置き，手の掌底でつぶします。わりばしをたたら板の（ねんどの両端にレールのように置いて高さの基準とする）にしてのべぼうで板状にのばします。
・身長55mmのねんどくんの型紙を切り抜いて粘土にあてて，針で切ります。針先が折れにくい安全ピンの針を伸ばしてわりばしに貼ったもので切りました。

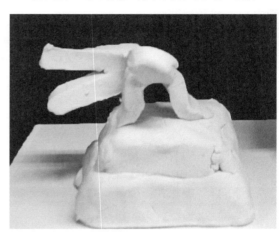

組み合わせると群像の効果が表れる。右は型紙

道具の使い方のポイント

・ねんどくんの型に沿って，なるべく垂直に針で切ります。手足を長めにしてもよいでしょう。
・足先を少しつまむと足の感じがよく出ます。
・アルミ線（1〜1.5mm程度）とペンチを用意しておくと，支えや小道具に使えます。
・厚紙や小さい板を土台にすると移動や保管が楽です。ステージのようにも見えます。
・ねんどベラは大げさに用意せず，つまようじなどをヘラとして使えば十分です。

手足だけでなく，腰のひねりや背中のそり，首などにも注目

授業のポイント

・動作化は，人物づくりの基本です。まず，つくりたいポーズをしてみます。確かめながらねんどくんの手足や腰，首などを曲げてつくります。最後に，できたねんどをまねてポーズしてみます。2回のポーズのギャップから気づきが生まれます。
・「ストップモーションスタジオ」というアプリでねんどくんを活躍させるアニメづくりに発展させると，学習が活用されます。

サッカーの1場面をゴール裏から鑑賞して撮影

（北川）

㉟ 絵の前の２人

立体 **高学年** 　標準実施時間　45分×6時間

■材料
ジオラマ用フィギュア（１／86程度）／台紙用厚紙／身辺材／軽量紙ねんど／プラ版（厚さ0.3mm程度，Ｂ４を９枚に裁断）／美術作品を印刷したものやアートカード

■道具
絵の具／色鉛筆／接着剤（化学接着剤または木工用接着剤）

絵の前の２人のストーリーとは？

授業の流れ

❶（10分）→ ❷（10分）→ ❸（45分）→ ❹（180分）→ ❺（25分）

❶ くじ引きの要領でジオラマ用フィギュアを２つ引き，その特徴をワークシートに書く

❷ 「２人はある絵の前にいる」という問いから発想を広げて，絵を選び，２人のストーリーを考え，ワークシートに書く

❸ 選んだ絵（イメージ）を，「プラ板模写」（p.108）の方法で写す

❹ 厚手の紙を舞台として，絵の前の２人の場面を，既習の材料や用具を活用して表す

❺ 相互鑑賞する。アングルを考えて写真で撮影する

この題材で大切にしたいこと

○２つのフィギュアと組み合わせる絵（イメージ）を選ぶことを通して美術作品とかかわること。また表したいことに合わせて既習の用具や材料を選ぶことができること。

○イメージ（絵・美術作品）と人（フィギュア）との関係から「お話や場面」を発想し，表現の意図に合わせ，既習の材料や表現方法を選び組み合わせるなど工夫して表すこと。

○作品を見合うことを通して，お互いの発想や考え方のよさに気づくこと。

評価のポイント

108ページの「プラ板模写修行」と連動した題材です。２つのジオラマ用フィギュアの形やポーズなどの特徴から２人の関係を考え，それと合わせて絵（イメージ）を選びお話や場面を発想します。その「２人の特徴」と「絵の特徴」からお話をその子どもなりに発想することが大切です。ワークシートをもとに「なぜ，そう考えたのか」を対話するように声かけします。既習の材料や用具を選び組み合わせるなど工夫して表そうと活用する姿をみとります。

材料準備のポイント

ジオラマ用フィギュアはインターネットなどで比較的安価で手に入るようになっています。舞台をつくる素材は厚紙やボール紙など適度な硬さのあるものがよいです。

授業のポイント

くじ引きの要領でジオラマ用フィギュア2つと子どもたちを出会わせます。男性か女性か，立っているか座っているか，どんな動きやポーズか，何か持っているか，などワークシートを使って特徴を捉え，2人の関係について考えます。

「実はこの2人はある『絵』の前にいます。それは，どの絵でしょう」

用意した美術作品の印刷物から子どもが選びます。この時点で少しずつ子どもの中にストーリー（イメージ）が生まれていきます。

「どうして，その絵を選んだのかな？」

まだ曖昧なストーリーを数人に紹介してもらい，全体で共有します。

「今と同じ絵を選んだ人はいる？似ているストーリーを考えている人はいる？」

など，他の子どもにも関連づくようにします。なかなかストーリーをもてない子どもの支援になります。次にワークシートにストーリーを考えて書きます。私は，これを修正可能としています。つくる過程で，友だちからの刺激も受けストーリーが成長し変化することは当然です。その際，変更点を教師に伝えるようにしました。その思考の変化について考えを促すことが学びを深めることにつながります。

ワークシート

既習の材料として線，ミラーペーパーなどを活用している

「別々の道を進む2人」
昔恋人同士だった2人が生き別れになってしまった。しかし今，美術館で「またこんな風に出会いたい」と思いながら同じ絵を見ている。だが絵に集中しすぎて結局は出会うことができない……

（笠）

㊱ まん丸紙から生まれたよ

鑑賞 **低学年** 🕐 標準実施時間　45分×2時間

■材料
丸い色紙（複数枚）／32切り画用紙
■道具
スティックのり／はさみ／鉛筆など

川に映る山

授業の流れ

❶（10分）→ ❷（30分）→ ❸（40分）→ ❹（10分）
丸い形だけでも、様々な発想ができることを知る／丸い折り紙を半分にした活動条件から考える／仲間との発想の違いから、自分の考え方を広げる／互いの作品を味わうことでさらに見方を広げる

この題材で大切にしたいこと

○丸い折り紙を半分に切り、2つの半円を並べるだけのシンプルな形から、何に見えるか考えていくことができる。
○自分なりの心地よい並べ方から発想・構想する。クイズ形式で互いのつくった表現の意味を味わうことで、形が表す見方・考え方を広げていく。
○シンプルな活動の中、互いのつくった作品のアイデアの面白さを味わうことで、見方・考え方を広げ、互いを更に知るきっかけとする。

評価のポイント

　構成要素は少なくても、その組み合わせ方次第で違う見方が生まれるよさを感じさせ、鑑賞から表現活動へとつなげます。形からクイズをつくり、出し合う活動を通し、互いに鑑賞と表現を行き来することから、自分の見方・考え方をより高め合う姿をみとります。同じような並べ方でも、仲間にない見方・考え方の違い・広がりはみとりたいポイントです。

材料・用具準備のポイント

　本題材は，1枚の丸い色紙を2つの半円に切って使い，構成することから考える表現活動です。色紙は何色を使ってもよいが，ペンなどの描材は用いず，並べた2枚でできた形から考えることとします。つくった形から発想・構想し，何に見立てたのかをクイズにして，互いに出し合う活動とします。並べ方の新しさから発想・構想していたり，同じ色や並べ方をしていても見立てた内容が違ったりなど，互いのよさを味わうことで自分の見方・考え方を豊かにします。

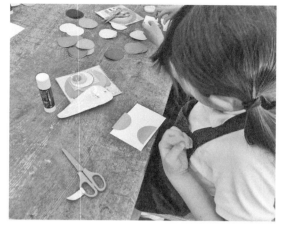
条件から考える

授業のポイント

　形と色の構成から考える活動です。単純な形の見立てから，様々意味が変わる面白さを感じさせ，見る力を高める低学年の鑑賞遊びです。導入において，教師が2枚の半円の形を組み合わせ，提示した形から何が見えるか問います。

「丸い色紙を2つに切った形をこんな風に組み合わせると何が見えるかな」

「口を空けた人，虫の羽……」

「縦にするとくす玉に見えるよ」

　クイズとして出し合い見方を深めます。

「なるほどそんな考え方があったか」

「丸い折紙を切ったものを並べるだけでもたくさんの作品につながるね」

　子どもたちの作品は，色から発想したり並べ方を工夫したり等，広がっていきます。適宜取り上げ，発想のよさを味わう場を設けたいと考えます。クイズ形式で楽しみながら仲間の作品を見合ううちに単純な見方は自然に淘汰され，仲間と違う見方を考える姿に向かいます。

形だけで考える

色も加えて考える

（仲嶺）

③⑦ 色がつくるイメージ

鑑賞 **低学年** 🕐 標準実施時間　45分×2時間

■材料
16切り画用紙
■道具
PC画像「帽子の女」，アンリ・マティス，1905／プロジェクター／スクリーン／クレヨン／絵の具セット一式など

マティスの絵をみんなで鑑賞

授業の流れ

❶（10分）鑑賞から，色で人の気持ちを様々な発想ができることを知る
→ ❷（30分）活動条件から，自分なりの色に対する感情を考える
→ ❸（40分）仲間との発想の違いから，自分の考え方を広げる
→ ❹（10分）互いの作品を味わうことでさらに見方を広げる

この題材で大切にしたいこと

○色で人の気持ちや性格を表すことができることに気づく。
○自分の大切な人を題材に，つくりだした色のもつ意味合いを元に発想・構想を広げる。
○人によって同じ色でも感情のイメージは違うことを活かし，自分なりの色合いを試しながら作品につなげる。

評価のポイント

　自分なりの立場を明確にもち，新しい感覚で絵に挑む個の育ちをねらいました。まず自分なりに人のイメージを言葉で表し，言葉を色に置き換えイメージさせます。仲間と意見を交換し色の醸し出すイメージについて自分の考えをもたせます。文章で書かせてもよいでしょう。
　そのイメージをもとに今回はお母さんをテーマにした絵の表現活動において，自分のイメージを実際の絵として表出します。互いの成果を鑑賞し合い，色についてわかったことを交流させます。ここでは肌色は使わずに表すため，最初は抵抗を感じる子もいます。無理のないようより多彩な色を使った子をみとることで，楽しみながら絵の表し方の可能性を膨らませていきます。

材料準備のポイント

以前たまたま何人かの子どもたちがマティスの絵を見て，「いろんな性格をもっている人なのかな」とつぶやいたことから授業化してみました。数枚の色カードを元に，子どもたちのもつ色のイメージを出し合いました。
「優しい色って言われたらどれかな？」
「ピンクだと思います」
「僕はオレンジだな」
「逆にきびしい色は？」
子どもたちの発言から下記にまとめました。
① 人の気持ちや人となりは，色で表すことができそうだ。
② 同じ色でも，人によって感じる気持ちは少しずつ違うようだ。

色のイメージを出し合う

授業のポイント

鑑賞では，色に絞って子どもたちの声を集約していきたいと考えたため，あらかじめ大きな帽子や扇子など，時代背景も含め，子どもたちには伝えた上で見せました。
「変わった描き方だと思うところを探しなさい」と発問しました。子どもたちは，背景だけでなく，顔の色が緑，赤，黄色等に彩られている事に気づきます。「なぜ女の人の顔にこんな色をつけたのかな」と続けました。色で人の感情や様子を表しているのではと子どもたちの声は集約していきます。「緑は健康。赤は情熱でしょ」「赤は怒りだと思うよ」など，顔に肌色でぬるだけが，人を表す描き方ではないこと，人となりも表すことができることをまとめました。目に見える色以外で描く体験から，色のもつ可能性を広げました。

細かな色のイメージを自分の言葉で発表

児童作品

（仲嶺）

㉞ わごむでポン！

鑑賞 低学年 　標準実施時間　45分×2時間

■材料
16切り画用紙（1人につき数枚分）／
輪ゴム（1人につき10本分）
■道具
カラーペンまたはプラスチック色鉛筆

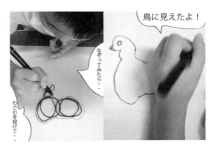

輪ゴムを投げたら，何に見える？

授業の流れ

❶（10分） 紙の上に輪ゴムを投げる遊びをする。（最初は5本）
→ **❷（10分）** 紙の上にできた「偶然の形」が何に見えるか，みんなで話す
→ **❸（25分）** 紙の上に輪ゴムを投げ（落として）外側をペンでなぞり，表れた偶然の形から見立て，絵を書き加える
→ **❹（10分）** 見立てた絵をみんなで見る。この時「形の中に絵を描いたもの」と「外に描いたもの」など仲間分けをしてもよい
→ **❺（25分）** さらに，❸の活動を繰り返し，絵を描くが，友だちにクイズを出すために最低限の絵だけ描く。裏に答えを書く
→ **❻（10分）** 「何に見えるかなクイズ大会」をする

❗ ❸❺では，試しながら数枚繰り返す

この題材で大切にしたいこと

○偶然の形が，見方によって違うイメージに見えることを知ること。
○数本の輪ゴムを投げることで生まれる偶然の形から見立ててイメージをもち，描き方や色などを工夫して絵に描いて表すこと。
○見立てから絵を描いたりする活動を楽しみ，それを友だちとクイズにして遊ぶことを通して，自分とは違った見方の面白さを感じること。

評価のポイント

　低学年の子どもは，ある形を見ると「～に見えるよ！」とすぐに見立て遊びを楽しみます。この「見立て」という力は，造形的なものの見方をするために大切なものです。この題材では，輪投げのようにして紙の上に数本の輪ゴムを投げることによって，重なったり並んだりして生まれる偶然の形を見立てます。子ども一人一人の見方を認め大切にしましょう。また，見立てたことをもとにして，自分なりのイメージをもって絵を描き加え表そうとしている姿に共感的に寄り添います。最後は友だちとかかわりあって見立てゲームを楽しむ姿を見とりましょう。

材料準備のポイント

画用紙は，16切りの大きさがよいでしょう。輪ゴムは1人5本程度を用意します。

授業のポイント

導入では「輪投げ」の要領で遊びます。少し距離をおいて机に「ぽん！」と投げます。ここはワイワイ。次に画用紙を渡して机に置き，そこへ入れられるように輪投げゲームのハードルをあげます。白い画用紙に乗った輪ゴムを見た子どもから

「先生！ イモムシに見えるよ！」

といった声が聞こえてくるかもしれません。

「え?！ 本当？ みんなに紹介したいから，ペンでなぞってみてくれる？」

子どもの気づきから授業を展開できればよいですが，できないこともあります。その時は教師も一緒に輪投げあそびをしながら，

「あ！ 何かに見えるなあ…何だろうなあ？」

というように，少しとぼけて子どもの中に「見立て」が起こるようにします。

「え？ アイスクリームに見えた？ 他のみんなの輪ゴムは，何かに見えるかな？」「雲にみえるよ！ ちょうちょ！ オリンピック！」「じゃあ，カラーペンで絵を描き加えて，何に見えたのか先生や友だちにも教えて欲しいな！」

輪ゴムの外側をなぞること，中にも外にも絵を描いてよいこと，裏に見立てたものを言葉で書くことを板書します。

発展的な活動として「見立てクイズ」があります。見立てたものを全部描いてしまわず「ヒント」として少しだけ描かせます。そして，友だちとクイズをする活動が楽しいです。

輪投げの要領でえいっ！

こんな感じなったよ！ペンでなぞると‥

（笠）

39 ブクブクの国

鑑賞　**低学年**　🕒 標準実施時間　45分×4時間

■材料
水彩絵の具・アクリル絵の具／水／台所用中性洗剤／画用紙

■道具
ペットボトル／カップ／2・3本継いだストロー／iPadなどのタブレットPCやデジカメ

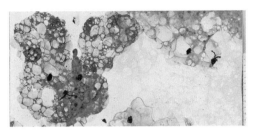

泡もようの形からの見立てに
タブレットPCを使って見方を広げる

授業の流れ

❶（10分）泡もようのつくり方や約束を確認し，活動のペアをつくる
→ ❷（30分）1回目の泡もようづくりをする
→ ❸（10分）友だちの方法を見て，美しい泡もようのつくり方を再確認する
→ ❹（40分）2回目の泡もようづくりをする
→ ❺（45分）紙を逆さまにして見立てたり画像機器を使って加筆したりする
→ ❻（45分）想像したものをクレヨンやペンで加筆する

この題材で大切にしたいこと

○ここでは，泡もようの鑑賞からの見立てをメインに取り上げています。泡の画像にiPad等で加筆することで，いろいろな見立てがあることや，似た見立てでも異なることを学びます。

○画像を縦，横，逆さまにしながら見立てます。机に置いたiPadは対面にいる友だちからは逆さまに見えることも新しい発見につながります。

○すぐ画用紙に描かずに，何度も試せる画面上での見立て遊びで，自分や友だちの思考の違いやよさを味わいながら活動します。

評価のポイント

　表現としては，泡もようを美しくつくることがまず大事です。105ページ写真上のように2人組で活動すると美しい泡もようが残ります。泡もようの鑑賞では，向きを変えて違う見立てをしたり，友だちの見立てを参考にしたりして見方を広げ，最後は1つに決めて画用紙の泡もように加筆します。泡の色や形を生かした絵を描くことが大切です。

材料準備のポイント

- カップを持っている子が表現者です。こうすることで、画用紙への染み込みで泡もようが消えることがなくなります。
- 500mlのペットボトルに、絵の具1：台所用中性洗剤1：水2で調合しておき、カップに注いで使います。残ったら戻せます。
- アクリル絵の具は泡の線が美しく残りやすいです。児童用の絵の具でもできますが、子どものチューブが空になるので教師が用意しましょう。

画用紙を斜めにもってもらい、カップの泡をつけると「シミ」にならず美しい泡もようが残る

道具の使い方のポイント

- 泡もように直接描くと、もう消せません。写真を撮って、タブレットPCやパソコンでお絵かきすると、何度も変えられます。また、友だちの泡もようにも描けて、情報交換につながります。
- 泡もようの画用紙に、ビニールをかぶせてクレヨンで描くという実践からヒントを得ました。目的は同じです。
- 「犬」「足」など、見立てを言語で伝えても、絵に描いてみると違うことに気づきます。

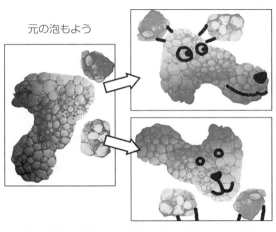

同じ「犬に見えた！」でも、描いてみるとちがう

授業のポイント

- デジカメで撮った画像を簡易印刷した紙に加筆させる方法も考えられます。学校の備品状況で工夫してください。
- ふわふわした泡もようの輪郭をクレヨンでなぞってしまうと硬い線になってもったいないです。上で紹介した、濃い目の調合で濃い絵の具の泡を残したいものです。
- 小さい紙に泡もようをつくり、切り抜いて画面に載せるのも操作しやすい方法です。

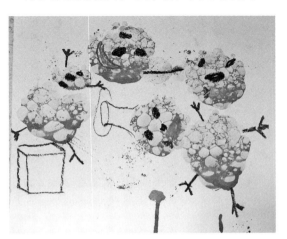

泡もようの輪郭は囲まずに、ふわっとした感じを残したい

（北川）

㊵ ポーズでミッケ！

鑑賞 **中学年** 🕐 標準実施時間　45分×1時間

■材料
アートカード（独特のポーズや身体の動きを感じさせる画像）
■道具
大型ディスプレーまたはプロジェクターとスクリーン

ポーズだけで伝え合おうよ!!

授業の流れ

❶（10分） → **❷（10分）** → **❸（5分）** → **❹（10分）** → **❺（10分）**

❶ スクリーンに映し出されるイメージを，自分なりに体のポーズで表す活動をする

❷ カードを引き，描かれているイメージを自分なりにポーズや表情で表し，同じカードを持っている友人を探す

❸ どんなポーズで見つけ合うことができたか発表し合う。（どの絵だったかを当て合うなどの活動もよい）

❹ ❸を生かし，再び❷の活動を行う

❺ 工夫した点なども加えて再び❸の発表を行う。（どの絵だったかを当て合うなどの活動もよい）

この題材で大切にしたいこと

○身体全体を使って美術作品を感じ味わうこと。
○美術作品を自分なりの見方で捉え，身体のポーズや表情を考えて，友だちに伝えられるように工夫して表すこと。
○美術作品をポーズや動きで表現することを楽しみ，友だちとかかわり合いながら活動すること。

評価のポイント

　子どもが美術作品に身を重ねるように鑑賞する姿があります。例えば，描かれている人物の表情やポーズを「真似る」などです。こうした子どもの特性を授業の中に取り入れ，身体全体を使って美術作品との出会いを楽しむ活動です。自分が手にしたアートカードと同じカードを持っている友だちを，言葉を使わずにポーズだけで探します。
　中学年として，ポーズを真似ることで楽しみながら美術作品とかかわろうとする姿を見とりましょう。また，カードに描かれた美術作品の形やイメージの特徴を自分なりに捉えて，ポーズと表情などを考え，全身を使い工夫して表現しようする姿を認めます。
　ゲーム的な活動を通して，形や色，イメージを使って友だちとかかわることも大切です。

材料準備のポイント

「動き」や「ポーズ」のある美術作品を選びA4に4枚を並べて印刷し，切って台紙に貼りカードにします。同じ作品カードを4枚づつ用意します。40人学級なら，10作品×各画像4枚ということになります。この枚数の設定などは実態に応じ変えてもよいと思います。

授業のポイント

「こんなこと，こんなこと，でっきまーすか？」

大型ディスプレーなどに，この合い言葉に合わせてテンポよく画像を提示し「ポーズを真似る」という遊びを導入で行います。
T「こんなこと，こんなこと でっきまーすか？」（スライド1）
S「え！ 知ってる！ オリンピック選手！」
T「ポーズできた？ じゃあ，次はどう？ いくよー，せーの，こんなこっとこんなこっとでっきるっかな？ ホイ！」（スライド2）

特徴的な「ポーズ」の美術作品と，それに類似した親しみのある身近な画像を連続して見せます。親しみのあるイメージを切り口することで，子どもの動きが出てきます。

「同じアートカードを持っている友だちをポーズだけで見つけよう！」と声をかけ，この後，アートカードを使った活動へ展開します。机を端に寄せるなどして，広い場所で活動できる方がよいです。自分が手にしたアートカードと同じカードを持っている友だちを，言葉を使わずに「ポーズだけで」探します。もし，恥ずかしがっている子どもがいたら，ポーズのアイデアを少し与えたり，最初のうちは一緒に活動するなど支援します。

- ・風神雷神図屏風（俵屋宗達）
- ・システィーナ礼拝堂天井画，アダムの創造（ミケランジェロ）
- ・叫び（エドヴァルド・ムンク）
- ・三世大谷鬼次の奴江戸兵衛（東洲斎写楽）
- ・エトワール（エドガー・ドガ）
- ・The Castle of Tin Tin（村上隆）

動きのある美術作品の例

スライド1　スライド2

ポーズでミッケ！導入
※各スライドの間には白の画面をはさむ
T：こんなこと　こんなこと　できますか？
S：こんなこと　こんなこと　できますよ！

そのポーズ？
なんか違うかも

このポーズ同じだ！
見つけた！

（笠）

㊶ プラ板模写修行

鑑賞　中学年　⏲ 標準実施時間　45分×2時間

■材料
プラ板（厚さ0.3mm程度，Ｂ４を９枚に裁断）／美術作品を印刷したものやアートカード

■道具
紙やすり／色鉛筆／油性マジック／トースター／穴あけパンチ／凧糸

小さなプラ板でアートと出会う

授業の流れ

❶（5分）今日の活動の方法とめあてをつかむ → ❷（10分）自分が写してみたい美術作品を選ぶ → ❸（60分）プラ板を紙やすりで目立て，色鉛筆などを用いて写し絵をする。1枚できたらトースターで焼き，縮める → ❹（15分）作品を相互鑑賞する

❗ ❷〜❸を試しながら繰り返す

この題材で大切にしたいこと

○透明なプラ板での「写し絵」の活動を通して，楽しみながら美術作品に触れ，その多様さを知ること。
○自分が「写し絵」をするために選んだ作品が，どのような形や色によって成り立っているかを考えながら，色鉛筆や油性ペンの使い方を工夫して表すこと。
○美術作品を写す活動を楽しみ，気に入った感じになるように粘り強く描こうと取り組むこと。

評価のポイント

　子どもにとってお馴染みの「プラ板写し絵」。これを美術作品との出会いの題材として取り入れました。ちょっとした時間に，アートカードを用いた鑑賞ゲームとセットにして行っています。小学校段階として，まずは楽しみながら美術作品に親しむことが大切です。ですので，いろいろな作品に関心をもち，写し絵の活動そのものを楽しむ姿を評価します。そっくりに写そうと夢中になることは多様な表現の理解を促します。自分なりに考え，色鉛筆や油性ペンの描きかたを工夫して表わそうとする姿は，そうした表現の多様さに自分自身で近づこうとする姿ととらえます。

材料準備のポイント

プラ版はＢ４の0.3mm程度のものを用意します。１枚当たり100円ほどです。これを９分割したものを使います。写すための「美術作品」はこれと同じ程度の大きさにします。Ｂ４に９枚の画像を印刷すればよいでしょう。古今東西，主に平面作品をセレクトしていますが，立体作品や仏像なども，逆に子どもたちのチャレンジ魂に火をつけるようです。大切なことは「表現の多様さ」があることです。

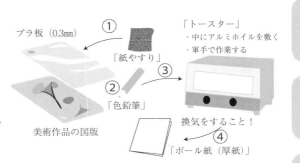

道具の使い方のポイント

まずプラ板を紙やすりでこすり「目立て」をします。曇りガラスのように少しぼやけます。この目立てによって「色鉛筆」を使うことができるようになります。この題材の肝です。油性ペンだけでは表現できない（写せない）油絵の微妙なタッチや，水墨画の繊細な線も表現できようになります。描けたら，角に穴あけパンチで穴を開けます。これをアルミホイルを敷いたトースターに入れます。軽く温めると，まずグニャリと丸まります。しばらくすると縮んで，最後には平らになります。そうしたらすぐに取り出して厚紙でサンドイッチし，軽く押さえて平らなまま少し冷まします。この工程は基本的には教師がします。一緒に焼くことで作品についての対話が生まれ評価にもつながります。必ず換気をしましょう。

細かくそっくりに描きたいな!!

授業のポイント

ちょっと図画工作が苦手だな，という高学年の子どもでも熱中する題材です。まずは写しやすそうなものを選ぶように声をかけます。色鉛筆と油性ペンを組み合わせたり，表を線描きし裏から色を塗るなどの工夫も生まれてきます。数枚つくっていると，写したものに自分なりの解釈で絵を加えたり，色を変えたりする子どもも出始めます。これは「創造的な鑑賞」の表れです。「なぜ，そうしたの？」と声をかけ，認めて価値づけてあげましょう。

こんなにそっくりに描けたよ!!

（笠）

㊷ シンメトリーのよさを味わう

鑑賞　高学年　標準実施時間　45分×４時間

■材料

工作用紙を印刷した画用紙（５㎝×５㎝）

■道具

はさみ／デザインカッター／カッターマット／鉛筆／消しゴム／コンパス／定規／黒画用紙／のり／デジタルカメラなど

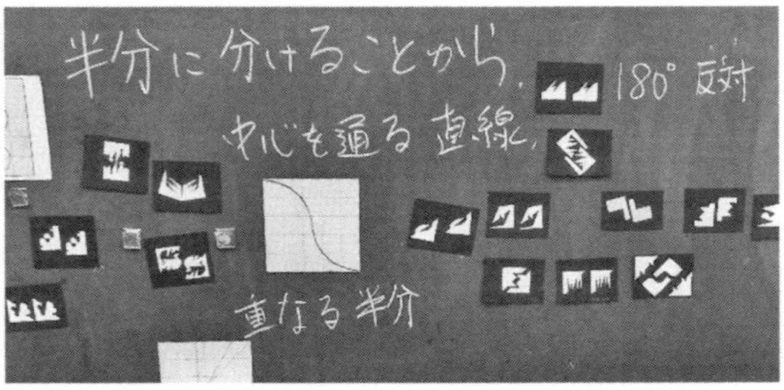

板書例

授業の流れ

❶（15分）
正方形の工作用紙を，形が重なる２枚の半分の形に切り分ける条件を探る

→ ❷（30分）
シンメトリーの形のよさを味わう。自分なりの並びの美しさを考える

→ ❸（120分）
仲間の発想を味わい，感じた発想の違いから，自分の見方・考え方を広げる

→ ❹（15分）
互いの作品を味わい，エンブレムにつなげることでさらに見方を広げる

この題材で大切にしたいこと

○仲間とともに確認した５㎝×５㎝の工作用紙の小片を半分に切り分ける活動条件を踏まえ，自分なりの考えを仲間に提案することができる。

○工作用紙を切り開いた形のよさをもとに発想・構想し，シンメトリーのならびのよさ味わうことを通し，造形的な見方・考え方を広げることができる。

○互いの表現を評価し合い，自分の表現につなげていくことができる。

評価のポイント

①２つに切り分ける線は必ず紙の中心を通る。②２つに切り分ける線は紙の中心から真逆の軌跡をたどり，半回転させると重なる。仲間と共に探った上記の条件から，複雑なシンメトリーを意図的に創りだしていく姿になります。単純な形の並びのよさからより思考を深め，細かな形から対称の美しさに迫ろうとする子どもたちの姿をみとります。実践ではシンメトリーの並びから発想し，エンブレム・シンボルマークへと発展させました。

材料準備・道具の使い方のポイント

工作用紙の方眼をたよりに，少しずつ紙の中心や上下左右の任意の位置から鉛筆で印をつけながら考えたり，セロテープで修正したりしながら考えていくよう促しました。

子どもたちは半分という条件から，最初真ん中から切った2枚の長方形や対角線を切った2枚の三角形等を想起します。そのいずれもの切り開く線が，必ず紙の中心を通ることを導きだします。切り分けた2枚の形は，重ね合わせると同じ形(シンメトリー)になることに気づかせます。単純な形から試行錯誤し，活動の広がりを促します。コンパスを併用させることで円や曲線を生かす形にも誘います。

授業のポイント

正方形の紙を切り分ける形は面積の半分でなく，重ねると同じ形になる半分とします。また思考を深めさせるため工作用紙を切り離してはならない条件も付け加えました。

・定規で線を引いて考える
・コンパスで曲線をいれて考える
・直線と曲線をまぜて考える
・単純な形に少しずつ変化をいれてみる
・抽象的な形のよさに気づき取り入れる

できた形を重ねてみたらずれていたなどの試行錯誤から，条件を整理します。

「ある線を描いたら，中心からちょうど反対の同じ長さのところに線を引けばできるよ。例えばこれだったら……」

そのような子どもたちの声に近づけます。

中心を通る半分の形

曲線も加え，様々な形を生みだす

児童作品

（仲嶺）

㊸ 色の表情

鑑賞　高学年　標準実施時間　45分×4時間

■材料
PC画像「赤・青・黄のコンポジション」, ピエト・モンドリアン, 1930／16切り画用紙／折り紙

■道具
プロジェクター／スクリーン／黒マジック／はさみ／のり／定規など

モンドリアンから感じたことを活かして

授業の流れ

❶ (30分)
白色だけ, 青色だけのスクリーンを絵と見たことから発想・構想する

→ ❷ (15分)
モンドリアンの単純な形と色の鑑賞から, 活動条件を知る

→ ❸ (90分)
仲間の発想を味わい感じた発想の違いから, 自分の見方・考え方を広げて作品をつくる

→ ❹ (45分)
作品への思いを文章化し, さらに見方・考え方を広げる

この題材で大切にしたいこと

○単純な画面構成の中から整理されたデザイン的なシンプルなよさを感じ取ったり, 色のイメージを広げたり, 形・色で表した自分の考えを, 文章化したりすることができる。
○写実的な絵と違う形と色の構成からなる美しさを感じ, 意味が変化したりする抽象的絵画のよさを自分なりの表現活動へつなげようとする。
○仲間とともに絵の意味を考えたり感じたりすることを通して, 視点の置き方で物事は変化していくことを感じ取り, 多面的な発想・構想の育ちにつなげる。

評価のポイント

　自分なりのイメージを言葉で広げます。シンプルな構成から, 人の気持ちや性格, クラス, 国, 世界, 宇宙など, 子どもたちのイメージの広がりをみとります。表現活動では, 色のイメージと平行, 垂直にこだわる表現方法で表し, 互いの人となりを理解し合います。白の絵から感じたこと, モンドリアンの絵から, 互いの作品から感じたことなどをワークシートなどに書かせることで, 絵の見方・考え方の変容, 仲間に対する思いなどをみとります。

授業のポイント

シンプルな構成要素から発想・構想に生かす姿をねらいました。授業の導入では，まず白色だけの何も描いていないスライドをみて，色のもつ力を子どもたちに膨らませてもらいました。「もしこの真っ白な画面が絵だとしたら，何を表しているんだろうね」という発問から，色のもつお互いのイメージを語り合うことで能動的にかかわるきっかけをもたせました。

「白は色のスタートだと思うよ」「僕はどんなものも消してしまうという感じがするよ」

白だけの画面構成だけでも，「雪景色」・「優等生」・「微笑み」・「無口」・「頑張り屋」等，高学年らしい自分たちの内面と照らし合わせて考える姿となりました。単純な色からの発想は，ピエト・モンドリアンの絵との対峙で生かされました。

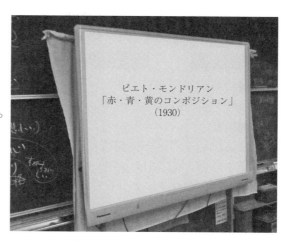

プロジェクターで大きく見せる

※モンドリアンの絵を見た子どもたちの声
①太陽・月・地球……宇宙かも知れない。
②裏と表がある性格の人。
③情熱的だけど少し冷静ということを，赤と青の四角の大きさで示しているようだね。
④四角がそれぞれ人じゃないかな。赤の人が幅を利かせていて，黄色の人は「私を忘れないで」と叫んでいる感じがする。
⑤全体が世界じゃないかな　四角がそれぞれ国を表しているようだよ。

鑑賞活動で感じ取ったこれらの成果をもとに，以下の条件を踏まえ，自分なりの表現活動に活かすよう展開しました。

①直線・四角のレイアウトにこだわる。
②意味を考え色合いを構成する。
③自分なりの思いを仲間に文章でも伝える。

みんなの作品を並べて

児童作品

（仲嶺）

44 砂遊びから枯山水へ

鑑賞　高学年　標準実施時間　45分×2時間

■材料
珪砂（けいしゃ）／石／（草や枝）／（色砂）

■道具
砂に櫛目をつける道具（115ページ写真中参照）／ミニほうき・ちりとり／デジカメかタブレットPC

手で感じる，目で味わう日本の心

授業の流れ

❶（10分）机上で砂遊びをして手ざわりのよさや砂の動き，模様のつき方などを体感する
→ ❷（15分）櫛など，道具を使って模様づくりを楽しむ
→ ❸（50分）枯山水の画像から伝統的な表現を学び，それに負けないオリジナルの枯山水をめざして活動する
→ ❹（15分）デジカメ等で撮影し，鑑賞の方向性やおすすめポイントを決める

この題材で大切にしたいこと

○枯山水の種類や文化的な意義を知るとともに，実際につくることでその構造を知ります。
○砂の手ざわりのよさを味わい，遊びのような気持ちで心を開きながら砂の模様をつくります。
　枯山水の知識を得てからは，昔の人の創作力に負けないように自分の感覚で石や砂を操作することの試行を繰り返して，思考力・判断力・表現力を発揮しながら枯山水づくりをします。
○枯山水には答えがありません。あるのは，自分との対話です。客観的な鑑賞の切り口として，デジカメなどで四角く切り取る「視点の固定」を通して友だちと共感・共有を楽しみます。

評価のポイント

　まずは手で砂の感触を味わうことです。頭がよくても，心を解放できない子どもは新しいことを取り入れる柔軟性に欠けます。枯山水の意義や歴史を知識として理解しておくことは大切です。その上で，昔の人が大胆な発想で枯山水の庭園づくりを創作していたことに負けないような気持ちで挑みます。試行をもとにした気づきを生かした枯山水づくりをしようという姿勢が必要です。デジカメで切り取った鑑賞の視点は，第二の作品として評価できます。

材料準備のポイント

- 硅砂は25kg袋で1クラス分でよいでしょう。ホームセンターで1,000円未満で購入できます。ゴルフのバンカーなどに使われるガラス質のきれいな砂です。
- 図工室の机に直接，またはベニヤ板を敷いて机上で活動できます。コンクリートや土の上でもできるでしょう。
- 石は，大小や色の違いがあると望ましいです。
- はじめは，知識を与えず，幼児のように砂遊びをさせることが大切です。

まず，砂の触感のよさを十分に味わい，心を開く

道具の使い方のポイント

- 遊びの中でも，砂に模様をつけて芸術的な活動をする子が現れます。そのタイミングで，枯山水を紹介し，写真を見せます。
- 使える道具は写真中のようなものです。厚いダンボールに割りばしをさした櫛，薄いダンボールにつまようじをさした櫛，工作用紙をはさみで切った櫛，フォークなどです。
- 石の大小は，本物の枯山水では重要です。一番高い石から水が流れるように砂の模様をつけるのが最も一般的です。

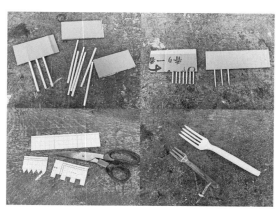

厚ダンボール＋わりばし，薄ダンボール＋ようじなど

授業のポイント

- 枯山水は，外から眺める庭です。また，室内から鑑賞する，ろうかやふすまで囲まれた空間という「額縁」を通して眺める庭です。この話をして，デジカメを渡します。デジカメという額縁で切り取って鑑賞し，画像を見せ合って友だちと共感し合ったり違う切り取り方を提案し合ったりします。
- 修学旅行などの見学の機会と連動できるとより一層学習が深まります。

デジカメという「額縁」を通して鑑賞する

（北川）

45 学校のゆるキャラ

映像 **低学年** 🕐 標準実施時間　45分×2時間

■材料
白い紙（コピー用紙など）／えんぴつ・ペン

■道具
えんぴつやペン／iPadやAndroid等のタブレット／アプリ「Colorfy-大人の塗り絵-」（Fun Games For Free）

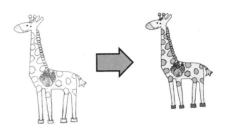

えんぴつ描きの絵が，アプリで簡単ぬりえに変身

授業の流れ

❶（5分）ゆるキャラの写真を見てその特徴を知り，学校のゆるキャラを考え始める
→ ❷（5分）鉛筆画がすぐぬり絵になるアプリを知る
→ ❸（70分）鉛筆で描く，撮って変換する，ぬる，ぬり変えるを繰り返す
→ ❹（10分）友だちと見せ合ったり，互いのぬり絵を交換して違う色でぬったりする
→ ❺（課外）可能であればプリントアウトして，カードやシールにして楽しむ

❗ ❷別の時間にアプリの使い方を試しておくとよりスムーズです

この題材で大切にしたいこと

○「学校」にある物や「学校」の特徴を考えて抽出し，誇張や組み合わせなどをすることでキャラクターづくりができることを知ります。手描きの絵がアプリでの変換でデジタルぬり絵になる手軽でおもしろい操作感がそれを後押しします。

○元の絵が同じでも，色の配置によってキャラクターの印象が変わります。友だちの色の選び方のよさを見て，自分とは違う表現に共感したり，子どもなりに美しさを追求したりする意識を高めます。

○「学校」のゆるキャラとしたのは，子どもたちの共通の生活空間である学校を舞台にすることで，互いの発想に共感しやすくするためです。子どもたちの自然な話し合いが始まります。

評価のポイント

友だちと同じ「けしゴム」を素材に選んでも，そこに違う素材を組み合わせようとする発想力や，色を変えて印象を変えようとする発想力や工夫への関心・意欲が問われます。デジタルならではの複製のしやすさや色の交換などのしやすさを生かしてゆるキャラを自分なりに変化させようとする思考力・判断力・表現力等を見ます。

道具の使い方のポイント

・えんぴつで描いた簡単なけしゴムの線画を写真に撮ってボタンを押すだけで，ぬり絵に変身します。線は強調されて太くなるので，えんぴつの線の味が生きます。
・けしゴムの「けっしー」の体の右下の線が切れていたので，ぬり絵の色がこぼれてしまいました。でも，えんぴつで線を加筆して，再度撮影すればOK。一度失敗すると，次からは用心深くなります。えんぴつの線をペンでなぞるとぬり絵の精度は上がります。

えんぴつ描きの線画を撮影するだけですぐぬり絵になる

授業のポイント

・これは高学年の作品ですが，学校の校章である桐の花の紋に，カマキリを組み合わせたゆるキャラです。2つくらいの要素をたし算することは発想のポイントです。
・ゆるキャラの性質や名前を考えます。子どもは，性質や名前からゆるキャラを思いつくことがあるので，板書で分類しておくことは重要です。教科，遊び，文房具，掃除用具，場所，友だち，先生…と，黒板に書いてアイデアを出し合います。

「赤は，強そう」

「えのぐん」のぬり絵をしている子どもがつぶやきました。たくさん並べて「えのぐんレンジャー」にしたいというので，色を変えては画面コピー（スクリーンショット）をしました。色の違いでゆるキャラの印象や性格が変わることを，子どもの気づきを待ってみんなに紹介します。プリントアウトして並べると子どもたちが活発に意見交換します。

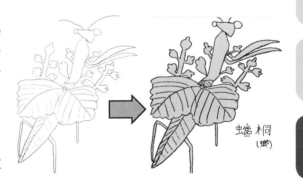

校章の桐とカマキリの2つをあわせたアイデア

色の変更が簡単なので，色を変えてみる，友だちとぬり絵対決するなど活動がふくらむ

（北川）

くるくるものがたり

映像 **低学年** 🕐 標準実施時間　45分×2時間

■材料
白い紙コップ／透明プラコップ
■道具
プラスチック色鉛筆／水性ペン（紙コップ用）／油性カラーペン細いもの（プラコップ用）

2つのコップを重ねたらお話が動き出す!!

授業の流れ

❶（10分）→ ❷（30分）→ ❸（10分）→ ❹（30分）→ ❺（10分）

❶ コップを重ねて絵を動かす方法とめあてをつかむ
❷ 内側のコップと外側のコップの関係を考えて，動くイメージを試しながらつくる
❸ 途中鑑賞会を行う
❹ さらに試しながらつくる
❺ 友だちと作品のお話や動きを見せ合って楽しむ

 ❷の中でいくつもつくるなど繰り返す

この題材で大切にしたいこと

○身近な材料を組み合わせることで「動く絵の仕組み」ができることを理解すること。
○重ねたコップの，それぞれの表面に描いた絵が重なり一方を回すと描いたイメージが動き変化する仕組みをもとに発想し，描き方を自分なりに工夫して表すこと。
○繰り返し試しながら動く絵を描く活動を楽しむとともに，自分の動くイメージについて語ったり，友だちが考えたイメージを見ることを通して，お互いの作品のよさや面白さに気づくこと。

評価のポイント

「イメージが時間的な変化や動きを伴う」という考え方から映像・メディアに位置づけた題材です。低学年としてイメージが動く楽しさや仕組みの素地を培うものです。コップを重ねることで，イメージが動く仕組みから発想を広げて，中と外の絵が関連して動くように工夫して表すことができるようにします。学習の過程や相互鑑賞の場面で，楽しく友だちと作品を見合う姿を大切にしましょう。

材料準備のポイント

白い紙コップとプラコップは，基本的に同じサイズを用意します。1人2～3作品分の個数があるとよいでしょう。

道具の使い方のポイント

白の紙コップには，プラスチック色鉛筆やオイルパステル，カラーペンなどが使えますが，プラコップには油性のカラーペンの細いものがよいです。

授業のポイント

写真の例では，遠足で出かけた水族館の話から始めました。

「マグロがすごかったよ！」

「そうだったね。じゃあこの透明カップに油性ペンでマグロを描いて……」

話の流れに合わせて教師が描いてみせます。さりげなく道具にも触れながら話すと後の説明が短くて済みます。

「マグロの水槽には何があったかな？」

「わかめ！」

今度は白い紙コップにわかめを描きます。

透明プラコップに入れて回すと

「わー！うごいたー！」

子どもたちから声が上がるでしょう。

「今日は，くるくる動く絵を描こうね。水族館のことを描いてもいいですし，もっと違うお話を描いてもいいですよ」

材料を手渡すと早速くるくる回し始めます。水族館の例のように，ひとつの共通体験から始めると，イメージをもつことが苦手な子どもでもハードルが下がります。

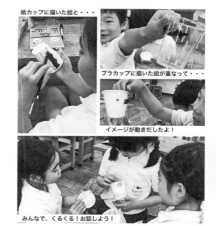

ハートさんとハートさんがあそんでいました。
ハートさんとハートさんがぶつかってしまいました。

ワニがいました。そこにもっと大きなワニが！バクリ！

すーすー　小さな魚がいて・・そこにジンベイザメもあらわれて・・・
そして亀の親子も現れて・・・・

（笠）

サンゴのメッセージ

映像 **中学年** 🕐 標準実施時間　45分×4時間

■材料
サンゴ（人数分，沖縄県名護市辺野古海岸より採集）

■道具
デジタルカメラ一式（三脚等）／4つ切り黒画用紙／画用紙／はさみ／プロジェクターなど

サンゴの見え方から発想する

授業の流れ

❶（10分）カメラでサンゴを撮り，アニメーションとしてつくることを知る
→ ❷（20分）活動条件を踏まえ，サンゴの形の面白さから発想・構想する
→ ❸（100分）仲間の発想を味わい感じた発想の違いから，自分の見方・考え方を広げて作品をつくる
→ ❹（50分）互いの作品を鑑賞し合い，さらに見方・考え方を広げる

この題材で大切にしたいこと

○サンゴを様々な角度からみた形を，デジタルカメラのファインダー越しに接写して少しずつ動かし，アニメーションをつくる。
○サンゴの形から発想・構想を広げ，カメラで撮影する活動に生かすことができる。並べて撮ったりしながら発想・構想し，様々な意味に展開する面白さをつくりだすことができる。
○互いの表現から感じたよさを取り入れ，よりよい自分らしい表現に高めていくことができる。

評価のポイント

　最初は生き物など単純な発想が多いかと思います。子どもの素直な発想のよさをみとっていくことで，仲間と違う見方（生活で使うものや建物など）にシフトし，独自の見え方を見出す姿に誘います。仲間と交換したりして同じサンゴを扱うことで，互いの発想・構想の違いを感じさせます。少しずつ動かしたり，奥行き感を取り入れたりなど，アニメーションのよさを促します。

材料準備のポイント

本題材では，沖縄などの海に分布しているサンゴの欠片を材料としました。ひとつひとつの形状豊かな味わいは，子どもたちの想像力を誘います。古くから海のメッセンジャーとしての伝説が沖縄にもあります。沖縄県名護市辺野古海岸より採集しました。先生方の地域では，どのような自然素材が，造形教育に生かすことができるでしょうか。

めずらしい教材が子どもをひきつける

授業のポイント

デジタルカメラレンズを通してみた距離感と目の差異を楽しみながら，サンゴの形を活かしたアニメに展開させていきます。見立てはすぐには大人でも難しい場合があります。「この方向だと何に見えるかな」「こうしたら」など，導入においてはプロジェクターを通してひとつのサンゴを様々な角度からみる一斉鑑賞の場をもちました。サンゴそのものの形をできるだけ生かさせるため，他の材料は紙のみに限定しました。下記，子どもたちの声です

・少しずつ動かして撮ったら動きが出るね
・近づけたり離したり角度を変えるとカメラのレンズを通してみえる形は全然違うぞ
・サンゴのメッセージを感じる作品になったね
・僕と〇〇さんは同じサンゴを使って撮ったんだけど全然違う作品になったよ

はじめは簡単な魚や動物など見立ての発想や，紙に字を書きこむなども出ますが，写真のような「日本」や，屋根など考えた表現が出てくると，少しずつ視点も多様化し，仲間にないものを見出す姿になりました。可能な限りモニター画面を数か所に設置し，互いの作品を大画面で見られるようにします。

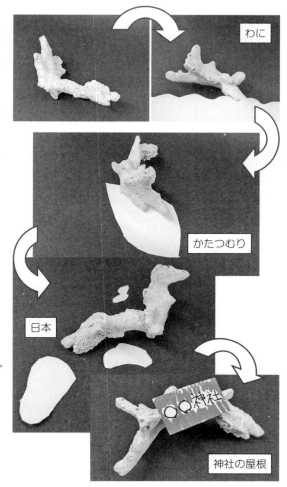

ひとつのサンゴが次々に変化する

（仲嶺）

㊽ 手描きパラパラアニメ

映像 **中学年** 🕐 標準実施時間　45分×2時間

■材料
A5コピー用紙（A4を半分に切ったもの）
■道具
カラーペン等／ドキュメントスキャナ／デジカメ／黒い画用紙（撮影時の台紙）

紙・ペン・デジカメだけでつくれるアニメ

授業の流れ

❶（5分）丸が動くだけの参考作品を見て，アニメの基本を知る
→ ❷（5分）デジカメやスキャナーでの撮影方法を知る
→ ❸（70分）製作する。できあがったものから鑑賞する。リレーアニメの場合は，チームで確認し合う
→ ❹（10分）声や音の効果をその場で入れながら発表する

❗ ❸製作中も随時デジカメをTVにつなげて大写しできるようにしておくとベスト

この題材で大切にしたいこと

○アニメーションがたくさんのコマ（絵）の連続であることを，紙に絵を描くことで体感します。アナログの絵をデジタルに変換する活動を通してアニメーションの基礎を知ります。
○絵が少しずつ変わることによるスムーズな動きの表現の効果を考え，簡単なストーリー展開を想起して動画づくりをします。
○見た人がほほ笑むような面白さや公共性を考えて作画やストーリー展開を考えます。

評価のポイント

　技能的には，絵が少しずつずれていくスムーズなアニメの動きを理解して作画していることが必須です。ストーリーの展開としては，○が☆に変化するような「意外性」や，心温まるストーリー展開などを，自分で決めたコマ数（あるいは限られたコマ数）の中で伝わるように表現できたかが重要となります。動きが主体で彩色は二次的なものですが，作品の効果を高めるものとして評価に含めてもよいでしょう。

材料準備のポイント

- 少しずつ絵がずれるとなめらかなアニメになります。これが理解できないと，4コマ漫画のように場面がパッと変わってアニメがつながりません。
- 薄手のコピー用紙に絵を描き，その上に次の紙を重ねて下の絵を透かしながら少しずらして描くと簡単です。
- 動かない部分があるのもおもしろいです。いつも同じ部分にある〇の形を穴に見立てたり月に見立てたりする方法です。

少しずつずらした絵を連続させてスムーズな動きに

道具の使い方のポイント

- ドキュメントスキャナで自動読み込みすれば，ずれなくきれいに保存されます。
- デジカメで撮る時は，黒い紙の上にA5の紙を置いて撮ります。余白が写っても黒いので気になりません。デジカメのよさは，近寄ったり，ずらして撮ったりできることです。子どもの自主性は高まります。
- Aの絵とBの絵をAAABやABABのように撮るとおもしろい効果が出ます。

左：ドキュメントスキャナの一例
右：黒い紙をしいてデジカメで撮るセット

授業のポイント

テーマ設定を工夫すると，子どもどうしがつながり始めます。「お題」を共通にするのもよいでしょう。自由すぎると見合ったときの話し合いがかみ合いにくくなります。

右は，〇からスタートして〇で終わる20枚ほどの絵で表すことを条件にして，グループの友だちとつなげたリレーパラパラアニメです。これは少し頭を使いますので，2作品目以降がよいでしょう。□や―など，バトンの形はグループに任せてもよいです。

スタートとゴールの形をそろえたリレーアニメ

（北川）

㊾ この角度でみたら

映像 **高学年** 🕐 標準実施時間 45分×4時間

■材料
32切り厚口画用紙／黒画用紙
■道具
デジタルカメラ（可能ならば1人1台）／三脚／プロジェクター／はさみ，化学接着剤またはのり／黒マジックなど

リンカーン

授業の流れ

❶（10分）ある角度から見えたものをデジタルカメラで撮る表現活動を確認する → ❷（20分）簡単な材料でつくった対象を，ファインダーを通して，見て発想・構想する → ❸（100分）ほんの少しの角度にこだわるなど，仲間から自分の見方・考え方を広げる → ❹（50分）互いの作品を鑑賞し合い，さらに見方・考え方を広げる

この題材で大切にしたいこと

○みる角度の違いで変わる対象の形から見立て，写真を撮ることができる。
○ファインダーで見た映像の奥行き感がある程度無くなることをよさとして表現活動に取り入れ，見えた映像を少しずつ変化させながら発想・構想することを楽しむ。
○互いのつくった作品（写真）の鑑賞から，仲間の捉え方，考え方のよさを自分の作品に生かすとともに，同じものを見ても一人一人の見方，考え方が違うことやよさを味わう。

評価のポイント

　空間構成は知的な力です。なかなか活動条件の把握が難しく感じる子どももいます。最初は教師の作った対象をもとに一斉鑑賞などの場をもち，どんどん発想させる場をもつとよいでしょう。奥行きがなくなる特性に気づいたり，様々角度を変え線と黒画用紙の重なりをうまく生かしたり等のポイントを支援していきます。作品の工夫を全体で一斉鑑賞するとよいでしょう。

材料準備・道具の使い方のポイント

　ファインダー越しに見ることを楽しみながら，様々試すことを促します。まずカメラで覗く対象をつくります。下記手順です。

① カード大の画用紙に，黒マジックでランダムな線の軌跡を楽しむ。
② 黒のランダムな軌跡を描き入れた画用紙を，やや半分に折り曲げる。
③ 黒画用紙を適当な長さのテープ状に切り，丸めたり折ったりひねったりする。
④ できた黒画用紙のテープを①～②で作った画用紙に任意に貼りつける。

　最初から何かをつくりだそうとするよりも，偶然できる形を楽しむよう指示します。つくった対象を，少しずつ動かしながらデジタルカメラのファインダーで覗きます（写真中）。対象の向きを上下変えたり，カメラでみる角度を変えたりしながら何枚か試し，少しずつ自分なりのイメージをつくりだす姿になります。

授業のポイント

　形が部分的にデフォルメされ，二次元の世界の面白さを感じます。描いたマジックの線と貼りつけた黒画用紙のテープが，角度を変えてみると重なり方が変わり，ファインダーから見える画像に変化が出ます。それぞれが織りなす空間，重なる空間を部分ごとに着目させます。下記のようなやりとりに教師も入るのもいいでしょう。「この角度からみると月に見えるよ」「それ僕は忍者に見えたよ。確かこの角度だ」「ああほんとだ」「どれどれ．先生にも見せてよ。あれ先生には忍者に見えないんだけど」

　互いの発想の違いを楽しみ，評価につなげます。

材料・用具，参考作品

猫，発見

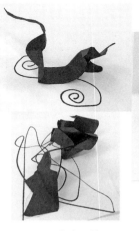

左上：蛇
右　：刀をふる忍者
左下：角隠しを被った女の人

（仲嶺）

第2章　ポイントを押さえてカンタン追試！題材ネタ50　125

50 箱ちゃんの意外な展開

映像　**高学年**　🕐 標準実施時間　45分×6時間

■材料
マッチ箱／身辺材料（色紙のリサイクルなど）／台紙用画用紙または色画用紙

■道具
タブレットPC／アプリ「ストップモーションスタジオ」（Cateater）／タブレットPC固定用具

みんなでアイデアを出し合って箱ちゃんのストーリーを作ろう!!

授業の流れ

❶（15分）アニメーションを見て，続きの意外な展開についてアイデアを出す → ❷（15分）自分と似た発想の友だちグループとアイデアを話し合う → ❸（90分）❷をもとに友だちと試行錯誤しながら「箱ちゃんの意外な展開」をアニメーションで表す → ❹（30分）途中作品を鑑賞しアドバイスを送り合う → ❺（90分）修正や終わり方について個々に考えを書き，さらにグループで試行錯誤しながら箱ちゃんの意外な展開を表す → ❻（30分）鑑賞会をする

この題材で大切にしたいこと

○対象を少しずつ位置をずらしながら静止画（写真）で撮影し，これを連続再生するとあたかも動いているように見えることを理解すること。また，そうした動きを表すためのタブレットPCの使い方を身につけること。

○共通のアニメーションの始まりの「意外な続きの展開」を発想し，友だちとイメージを考え合わせ，工夫してコマどりアニメーションで表すこと。

○より面白い動きや展開を表現しようと，友だちとかかわり合いながら試行錯誤すること。

評価のポイント

「共通のはじまりのアニメーション」（127ページ写真上）から，子ども一人一人が，箱ちゃんが「増える」「旅をする」など意外な展開を考えワークシートに書きます。これは発想の第一段階として評価します。似たような発想をもった子どもたちでグループを組み，話し合いながら方向性をすり合わせて作品をつくっていきます。友だちとかかわりながら活動を楽しみ，よりよいものを目指そうと意欲的に取り組む姿を大切しましょう。途中過程での「他のグループへのアドバイス」や，そのアドバイスを受けての「終わりかた」について個々の考えを書きます。グループ活動では，こうした一人一人の思考の視覚化が大切です。

材料準備のポイント

主材料を「マッチ箱」としました。これは「引き出し」構造の特徴があり，中を開けたり，分離させたり，組み合わせたりするなど「意外な展開」を表すための造形的な発想の広がりを引き出せるからです。その他の材料は，事前にたくさん準備するのではなく，子どもたちの発想や構想に合わせて適宜用意します。

道具の使い方のポイント

タブレットPCなどの機器を道具として習熟するには，操作方法だけでなく，モラルなどの指導も必要です。ひとつの題材だけで全ての指導は行えません。正しい使い方やモラルを知る時間，使うことに慣れる時間などを少しずつ系統的に指導する方がうまくいきます。

授業のポイント

一人一人のアイデアをもとに「消えるチーム」，「中から何か出てくるチーム」いった具合にグループをつくりますが，グループでのつくる過程における支援・指導は，このテーマに常に立ち戻らせることが基本的なスタンスです。高学年として，どうしてこのように表そうと話し合いできめたのか，という表現の根拠を問うことが大切だからです。共通のはじまりという条件，箱という主材料の条件，グループテーマという主題の条件，時間の条件を明確にすると子どもの迷いも少なくなります。

「はじまりから，うまく『光』『影』がつながってるね。あと10秒ぐらいでどんな終わり方にしていこうか？」

といった具合に，条件をキーワードにして声かけをすることが大切です。

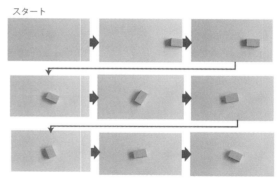

白い箱が出てきて中央でクルクルと回転し……
このあとの「意外な続きの展開」を考えよう！

一人一人の感覚的、直感的なアイデア

個々のアイデアを合わせて新しいアイデアへ

箱を開けると顔があった！丸いふわふわボールがきゅうにあらわれてパッと消える。もぞもぞ動いたり、くるくる回ったりする。2回目開けると顔が消えて消えたはずのふわふわボールが入っていた！

「影・光グループ」の意外な展開

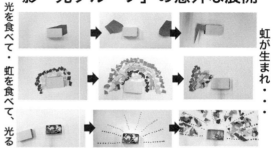

（笠）

【著者紹介】

筑波大学附属小学校図画工作科教育研究部
（つくばだいがくふぞくしょうがっこうずがこうさくかきょういくけんきゅうぶ）

仲嶺　盛之（なかみね　もりゆき）
沖縄県出身　琉球大学　卒業
平成17年　筑波大学附属小学校赴任
見ることは考えることです。シンプルな授業の条件設定の中で，鑑賞の場を大切にすることで子どもたちのアイデアをより引き出し，互いを高め合う授業を目指しています。子どもたちが，形と色などの造形要素を根拠に議論し合う姿がたまらなく好きです。この本では，担任の先生方が取り組みやすい，紙を主材料とした題材を主に紹介させていただきました。

北川　智久（きたがわ　ともひさ）
千葉県出身　千葉大学　卒業
平成19年　筑波大学附属小学校赴任
工作やICT活用に特に興味があります。
何かを工夫することは生きがいです。
工夫したことが人から喜ばれると，最高にうれしいです。

笠　雷太（りゅう　らいた）
神奈川県出身　東京造形大学絵画科　卒業
平成13年4月から平成26年3月まで東京都図画工作専科教諭として勤務
平成26年　筑波大学附属小学校赴任

手軽でカンタン！子どもが夢中になる！
筑波の図画工作指導アイデア＆題材ネタ50

2017年3月初版第1刷刊	©著　者	筑波大学附属小学校図画工作科教育研究部
2019年6月初版第6刷刊		仲　嶺　盛　之
		北　川　智　久
		笠　　　雷　太

発行者　藤　原　光　政
発行所　明治図書出版株式会社
　　　　http://www.meijitosho.co.jp
　　　　　　　　　　（企画・校正）広川淳志
〒114-0023　東京都北区滝野川7-46-1
振替00160-5-151318　電話03(5907)6702
　　　　　　　　ご注文窓口　電話03(5907)6668

＊検印省略　　　組版所　藤原印刷株式会社

本書の無断コピーは，著作権・出版権にふれます。ご注意ください。

Printed in Japan　　　　ISBN978-4-18-214422-6
もれなくクーポンがもらえる！読者アンケートはこちらから　→